中国互联网金融产业安全评价体系研究

INDUSTRIAL SECURITY EVALUATION
OF INTERNET FINANCE IN CHINA

付东普 著

人民出版社

策划编辑:郑海燕
责任编辑:郑海燕
封面设计:姚　菲
责任校对:周晓东

图书在版编目(CIP)数据

中国互联网金融产业安全评价体系研究/付东普 著. —北京：
人民出版社,2018.10
ISBN 978－7－01－019704－3

Ⅰ.①中…　Ⅱ.①付…　Ⅲ.①互联网络-金融风险-安全
评价-研究-中国　Ⅳ.①F832.1

中国版本图书馆 CIP 数据核字(2018)第 193470 号

中国互联网金融产业安全评价体系研究
ZHONGGUO HULIANWANG JINRONG CHANYE ANQUAN PINGJIA TIXI YANJIU

付东普　著

人民出版社 出版发行
(100706　北京市东城区隆福寺街 99 号)

北京中科印刷有限公司印刷　新华书店经销

2018 年 10 月第 1 版　2018 年 10 月北京第 1 次印刷
开本:880 毫米×1230 毫米 1/32　印张:6.875
字数:106 千字

ISBN 978－7－01－019704－3　定价:48.00 元

邮购地址 100706　北京市东城区隆福寺街 99 号
人民东方图书销售中心　电话 (010)65250042　65289539

序

银行作为传统金融机构的典型代表,基于交易成本及控制信用风险考虑,提供的企业信贷服务主要面向业务规模较大、赢利能力较强、信用资质较好的大中型企业,而小型企业和个体工商户则往往求贷无门。即便是传统的银行理财,对普通民众也有较高的门槛,一般至少5万元起步,而且不能随时赎回。客观而言,传统银行扮演了"嫌贫爱富"的角色,难以满足中小微企业和个体工商户的迫切融资需求,也不能让广大民众的零散闲钱获得更加有利的理财服务。

近几年,随着互联网技术、智能手机及电子商务的普及,越来越多的用户开始使用各类互联网服务,依托互联网业务迅速成长的非金融机构,也纷纷开始利用自身的信息技术平台和庞大用户规模的优势,推出了基于互联网的各类创新金融服务,如P2P网络借贷平台,各类股权和公益众筹平台,门槛低、赎回便利的各类网络理财等。这类互联网金融服务,具有交易成本低、门槛低、随时随地可用、服务灵活、实时处理等特点,能够覆盖传统金融机构不能服务的人群和中小微企业,因此一经推出便得到众多个人用户和中小微企业机构的认可和普遍使用,发展迅猛。如2013年由阿里巴巴推出的"余额宝",由于收益比传统银行的活期存款高出数倍而又可以随时灵活取现,吸引了大量用户和资金,截至2017年6月底,其理财金额的规模便已达到1.43万亿元,用户规模超过3亿户;面向小微企业和商户融资的P2P网络借贷,截至2017年7月底,其历史累计成交量也突破5万亿元大关。

然而,各类创新产品和服务都有自身的发展规律,人类对它们的认识也都有一个逐渐深入的过程。依托于互联网技术的各类创新金融业务模式,绝大多数发端于现代金融服务完善的欧美发达国家,引进中国后的发展速度和规模却远超国外。相比欧美发达国家,国内现代金融服务、信用体系建设和金融监管还相对不够完善,而初期的互联网金融业务也正是在无门槛、无标准及无监管的情况下野蛮生长起来,涉及金额及用户规模迅速膨胀,但相应的金融风险和安全事件也逐渐大量显现,一定程度上影响了国家金融安全、经济健康发展和社会稳定。如部分P2P网络借贷平台发生了老板逃跑、材料虚构、项目不断违约的安全事件,部分打着互联网理财幌子的融资平台安全事件频发,股权众筹和公益众筹也频繁发生融资诈骗的风险事件;而其中2007—2013年上线的597家P2P网络借贷平台,截至2017年仍在正常运营的平台仅剩200家,问题及停业的平台超过397家。即便是广受网民欢迎的"余额宝"等"宝宝"类互联网货币基金理财,伴随着其理财资金规模的不断膨胀,客观上造成了传统银行的资金大量搬家并对其传统信贷业务带来了负面冲击,也对央行的货币政策带来了一定的挑战。另外,近几年各种网络安全事件频发,给互联网金融的安全健康发展也造成了负面影响。

鉴于互联网金融行业潜在的风险因素较多及安全案件、事件多发,2015年以来国务院、中国人民银行等相关监管部门陆续出台了一系列互联网金融相关政策文件和管理办法,明确了各类互联网金融业务模式的监管原则和监管部门,规定了互联网金融平台的定位、经营范围和责任义务,并给出了相应的整改措施和规范性要求。学术界也发表了互联网金融相关业务模式、特点、风险及监管措施建议的大量研究文献,逐步在理论上厘清了互联网金融相关的风险特点及安全影响因素。但总体而言,在实践和理论方面,尚未发现有关互联网金融安全评价指标体系的研究,不利于科学完整认识互联网金融的安全问题,在操作层面上也不利于互联网金融的有效监管。

本书基于产业安全相关理论和已有金融风险安全相关文献,采用文献元分析并结合产业安全事件和监管政策分析方法,梳理总结了互联网金融相关潜在风险和安全影响因素,在已有传统金融产业安全评价指标体系的基础上,根据互联网金融相应业务模式的自身特点,综合考虑了互联网金融与传统金融的产业结构平衡及网络技术安全因素,在微观层面上补充了互联网金融安全评价指标,初步构建了互联网金融安全评价指标体系,最后从信息系统技术视角给出了互联网金融的安全预警初步系统方案。总体而言,本书提出的互联网金融安全评价指标体系,对现有金融产业安全评价指标体系进行了完善和补充,覆盖了互联网金融领域相关的安全评价指标,并据此研究成果为政府相关监管部门提供了可操作性的监管建议。

目　录

绪　　论

一、互联网金融发展背景

1. 互联网金融发展由来

由于信息不对称、交易成本高、信用风险大等缘故，传统银行作为传统金融的代表，在资金的供需双方进行大规模资金的融通和配置，其风险承受能力较强，能够有效降低成本和控制风险，发挥了金融媒介的作用。党的十八大以来，我国金融业取得了长足发展，金融体系规模扩张快速，服务实体经济的能力稳步提升。但由于传统银行的业务需要覆盖足够人群的大量物理办公场所及大量人力处理资金融通业务，其规模成本的降低也有一定限度。因此，传统银行在提供金融服务方面也存在一些局限,如资金信贷偏爱信誉良好、还款能力强的大中型企业或机构,面向个人的理财服务一般有较高的资金门槛和限制(如国内银行一般最低资金要求5万元,未到期不能取现赎回等限制),导致为数众多的小微企业或个人求钱若渴但又求贷无门,普通民众规模庞大的零散闲钱也很难发挥应有的效益。

互联网的特点是开放、共享、去中心化、快速、高效及覆盖范围广,任何人(Anybody)在任何时间(Anytime)和任何地点(Anywhere)都可使用互联网提供的服务。随着互联网基础设施、智能手机和电子商务的迅速发展和普及,自身并非金融机构但拥有庞大用户群体的互联网企业,近几年开始借助其强大的信息平台技术顺势为用户提供一些便捷的创新金融服务,如电商平台供应链中商户的资金短期借贷,面向个人消费者的低门槛、高收益、随时取现的网上理财等。由于能够切实解决小微商户的融资困难而且申请方便及成本低廉,也使个人消费者的零散闲钱得到了最大限度的效益发挥,因此这些金融服务很快得到了小微企业和商户及个人消费者的认可。这种依托于互联网提供的金融服务,就是所谓的互联网金融。

互联网金融概念由谢平与邹传伟[①]于 2012 年首次提出,国外并没有严格对应的准确概念。谢平等[②]认为,互联网是由于受互联网技术和互联网精神的影响,涵盖从传统银行、证券、保险、交易所等金融中介和市场,到瓦尔拉斯一般均衡对应的无金融中介或市场情形之间的所有交易和组织形式。按照谢平提出的概念,根据互联网的特点并借鉴电子商务的概念,可以将互联网金融定义为"借助互联网和信息技术手段提供的各种金融服务和相关组织形式"。但是,互联网金融是由电子商务发展而来的,国内引起广泛注意的主要是由非金融机构的互联网企业在庞大用户群的基础上顺势延展业务,基于互联网平台和信息系统推出的各类创新金融服务和产品。国内的互联网金融在近几年得到了快速发展,并出现了多种新的互联网金融模式,如第三方支付、P2P(即 Peer to Peer 或 Person to Person,个人对个人)网络借贷、众筹、互联网证券、互联网基金、无物

[①]　谢平、邹传伟:《互联网金融模式研究》,《金融研究》2012 年第 11 期。

[②]　谢平、邹传伟、刘海二:《互联网金融手册》,中国人民大学出版社 2014 年版。

理场所的互联网银行、网络虚拟货币及传统金融企业开始的网上销售业务如网上银行、手机银行、网上保险等。① 这些新的互联网金融模式,切实解决了相当一部分小微企业融资、网上信用与支付、个人理财等相关问题,有效地促进了经济发展和社会福利。

2. 互联网金融发展伴随的风险

与传统金融业相比,互联网金融在资金配置效率、渠道、数据信息、交易成本、系统技术等方面具有优势,因而可以克服传统金融业信息不对称、贷款结构不合理、直接融资和间接融资比例不协调等问题,从而形成与传统金融业竞争的格局。互联网金融依赖于网络化与信息技术,与传统金融模式的基础完全不同,也就形成了完全不同于传统金融的互联网金融特征,如互联网金融扩散速度极快并且覆盖范围广,具有普惠金融的性质和特征(面向小微企业和普通民众的风险承受能力较弱),金融风险交叉传染性强等特点。②

---

① 彭涵祺、龙薇:《互联网金融模式创新研究》,《湖南社会科学》2014年第1期。

② 李丹:《互联网金融监管之棋局》,《当代经济管理》2014年第8期。

正是互联网金融的上述特征,再加上国内发展初期缺乏相应监管法规和政策、监管不到位、门槛低等原因,互联网金融在国内经历了野蛮快速的生长之后,相应的风险和安全事件也逐渐显现。如从2007年到2017年7月,由于经营不善、平台违规、融资项目违约及恶意诈骗等各种原因,一半以上的P2P网络借贷平台关闭或老板逃跑;打着互联网金融旗号进行非法集资的庞氏骗局也多有发生;互联网金融平台在经营过程中,经常发生系统漏洞、黑客攻击、客户信息泄露、异常中断服务等网络安全事件。这些风险及安全事件一旦发生,波及面广,影响人群规模大,传染速度极快,一定程度上影响了民众的经济生活及社会稳定,对社会也造成了很大的负面影响,甚而影响金融稳定及国民经济安全。

二、研究范围和创新性

1. 研究目的和研究范围

党的十八大以来,中国政府非常重视金融业的健康发展与风险防范。2015年11月9日,习近平总书

记主持了中央全面深化改革领导小组第十八次会议，会议强调"发展普惠金融，目的就是要提升金融服务的覆盖率、可得性、满意度，满足人民群众日益增长的金融需求，特别是要让农民、小微企业、城镇低收入人群、贫困人群和残疾人、老年人等及时获取价格合理、便捷安全的金融服务"[①]；2017 年 4 月 25 日，习近平总书记在主持中共中央政治局第四十次集体学习时，强调"金融安全是国家安全的重要组成部分，是经济平稳健康发展的重要基础。维护金融安全，是关系我国经济社会发展全局的一件带有战略性、根本性的大事。金融活，经济活；金融稳，经济稳。必须充分认识金融在经济发展和社会生活中的重要地位和作用，切实把维护金融安全作为治国理政的一件大事，扎扎实实把金融工作做好。"[②] 2017 年 7 月 14 日至 15 日，习近平总书记在全国金融工作会议讲话中指出，必须加强党对金融工作的领导，坚持稳中求进工作总基调，遵循金融发展规律，紧紧围绕服务实体经济、防控金融风险、深化金融改革三项任务，创新和完善金融调

[①] 白宇、赵纲：《全面贯彻党的十八届五中全会精神 依靠改革为科学发展提供持续动力》，《人民日报》2015 年 11 月 10 日。

[②] 《金融活经济活金融稳经济稳 做好金融工作维护金融安全》，《人民日报》2017 年 4 月 27 日。

控,健全现代金融企业制度,完善金融市场体系,推进
构建现代金融监管框架,加快转变金融发展方式,健
全金融法治,保障国家金融安全,促进经济和金融良
性循环、健康发展。[①]

　　而互联网金融是一种普惠金融,在提升金融服
务的覆盖率、可得性、满意度,满足人民群众日益增
长的金融需求方面,非常符合中国政府的金融发展
政策。相比传统金融,互联网金融在便捷性、覆盖
率、服务效率等方面具有非常明显的优势,但是鉴于
互联网金融的自身特征,互联网金融在为公众和小
微企业带来便利和实惠的同时,也产生了一定的风
险和问题,如 P2P 网络借贷领域风险频发、股权众
筹的股权管理和交易风险、互联网开放和无国界特
点所带来的监管不足和法律定位不明、内部风险控
制不力、风险应对机制缺失等问题。[②]

　　金融产业安全的内涵是指一国的金融产业在其
发展过程中能够减轻和控制风险、避免和防范危机
发生,保持正常运行与发展;而且具备面对国外各种

---

　　① 李涛:《服务实体经济防控金融风险深化金融改革　促进经济和
金融良性循环健康发展》,《人民日报》2017 年 7 月 16 日,第 1 版。
　　② 陈勇、杨定平、宋智一:《中国互联网金融研究报告(2015)》,中国
经济出版社 2015 年版,第 38 页。

威胁、侵袭时,能够确保本国的金融体系、金融主权不受伤害的一种态势。① 互联网金融是金融产业的一部分,但由于分流了传统金融服务于客户的业务,因此对传统模式的金融产业带来了较大冲击和影响。② 因此,互联网金融的产业安全,势必影响我国金融产业的整体产业安全,所以有必要加强对互联网金融的产业安全研究。然而,以往对金融领域的产业安全研究,多数集中于传统金融,如荆竹翠与李孟刚③提出了中国金融产业安全评价指标体系;李孟刚④研究总结了中国金融产业发展与安全现状;刘颖⑤实证分析了我国金融的产业安全;王瓅等⑥对中国金融风险与产业安全的研究进行了综述总结等。然而,上述研究主要关注传统金融的产业安全,

---

① 荆竹翠、李孟刚:《中国金融产业安全评价指标体系研究》,《山西财经大学学报》2012 年第 1 期。

② 梁璋、沈凡:《国有商业银行如何应对互联网金融模式带来的挑战》,《新金融》2013 年第 7 期。

③ 荆竹翠、李孟刚:《中国金融产业安全评价指标体系研究》,《山西财经大学学报》2012 年第 1 期。

④ 李孟刚:《中国金融产业安全报告(2011—2012)》,社会科学文献出版社 2012 年版。

⑤ 刘颖:《我国金融产业安全的实证研究》,《中国外资》2009 年第 10 期。

⑥ 王瓅、陈弯弯、张翔:《金融风险与产业安全问题的研究综述》,《海南金融》2012 年第 8 期。

而针对依托互联网技术的新的金融业务模式即互联网金融产业安全的研究还没有得到应有的关注和重视。互联网金融现有多种模式的创新金融服务的发展是否健康安全,也缺乏相应的评价指标,因而对互联网金融风险的防控和监管也缺乏相应的测评依据。

因此,本书的研究目的和范围是:分析梳理互联网金融的产业特点、业务模式、风险问题、产业结构和发展趋势,依托产业安全相关理论,如李孟刚对产业安全理论的研究,及已有传统金融产业安全研究成果,如李孟刚对中国金融产业安全的总体研究报告和荆竹翠等对中国金融产业安全评价指标体系的研究成果,对中国互联网金融产业安全评价指标体系进行研究,完善基于互联网的金融产业安全评价指标体系,为中国互联网金融监管提供初步预警系统方案,并根据本书的研究结果为相关监管机构和政府部门提出相应的政策建议,以便促进中国互联网金融的良性健康发展。

2. 研究内容和创新性

总体上,本书的研究内容包括以下几个方面:

（1）梳理互联网金融相关的交叉学科理论知识

互联网金融是互联网、信息技术和金融产业发展的融合产物,需要梳理与互联网金融微观、中观和宏观相关的交叉学科理论知识,如产业经济学、产业安全理论、信息经济学、金融学等相关理论,通过与之相关的交叉学科的理论知识学习和综合分析,才能为本书的研究分析提供合适的理论基础。

（2）综合分析互联网金融的特征、业务模式、影响、风险和相关安全问题

欲研究互联网金融的产业安全,首先需要完整地认识互联网金融的特征、业务模式、作用影响及风险和安全相关问题,综合分析上述问题后,才能结合金融产业安全研究相关成果,提出具有互联网金融特点的安全评价指标体系。

（3）对比分析互联网金融与传统金融及国内外的差异和相互影响

研究互联网金融的产业安全,需要从宏观、中观和微观及国内外的多个层次进行研究,因此需要对比分析互联网金融与传统金融及国内外的差异,发现其相互影响的关键要素,采用定性分析和定量分析相结合的方法,才能提出完整的互联网金融安全

评价指标体系。

（4）提出中国互联网金融产业安全评价指标体系

结合以上研究内容，综合利用以往金融产业安全研究理论和成果，最终提出具有互联网金融特色的中国互联网金融安全评价指标体系。由于互联网金融与传统金融相互影响，可考虑将互联网理财、虚拟货币（如 QQ 币、比特币）、P2P 网络借贷等的业务规模与对应传统金融规模比例作为产业安全评价指标等。

（5）对互联网金融的发展和监管提出政策建议

根据本书提出的互联网金融产业安全评价指标体系，提出初步的互联网金融产业预警系统方案，并根据相关评价指标，为中国互联网金融的发展和监管提出有针对性的初步政策建议。

本书的创新性体现在以下几个方面：

（1）提出互联网金融产业安全评价指标体系

以往互联网金融的文献，关注点多集中在其特点、业务模式、影响作用、风险及相关监管策略方面，而从产业层面研究互联网金融产业安全的研究尚未发现。虽然已有学者对传统金融的产业安全进行了研究,如金融产业安全研究报告及金融产业安全评价指标体系,但针对互联网金融的产业安全及其评价指标体系研究尚未得到应有的关注。因此,本书基于产业安全理论、金融学理论及信息经济学等相关理论对互联网金融产业的安全评价指标体系的研究,将会对产业安全理论在互联网金融领域的创新性应用提供理论应用贡献。

(2)补充完善了产业安全理论在互联网金融领域的应用空白

总体上来看,现有的产业安全理论更适合农业和制造业,对于现代服务业特别是金融产业,其提供的产业安全评价指标体系中某些指标可能并不适用(如产业出口对外依存度等),而互联网金融产业所需要的指标又相对缺乏。由于国内互联网金融某些业务模式尚处于法律空白或缺乏对应监管,已有的传统金融产业安全指标评价指标体系缺乏针对互联网金融特色的评价指标。因此,通过本书的研究,不仅希望能够填补互联网金融产业安全评价指标体系的空缺,还希望在研究过程中能够对现有产业安全理论进行补充和完善。

三、研究方法和技术路线

1. 研究方法

要构建科学合理的互联网金融安全指标体系，需要依托相关理论基础，特别是产业安全及金融学相关理论，分析互联网金融风险及安全相关文献，总结归纳相应的风险及产业安全影响因素，按照指标体系设计原则，由整体到局部逐层分解的层次分析方法，初步设计互联网金融产业安全指标体系，然后结合已有互联网金融产业发展的相关数据、风险事件及该领域的专家意见，进行指标体系验证及修订，逐步完善该指标体系。

（1）现有文献的元分析方法

元分析（Meta-Analysis，又译作后设分析、整合分析、综合分析、荟萃分析）统计方法[①]，是对众多现有近似的相关文献再次统计，通过对相关文献中的统计指标利用相应的统计公式，进行再次统计分

---

① Glass, Gene V., Mcgaw, Barry, Smith, Mary Lee, *Meta-analysis in Social Research*, Sage Publications, 1981.

析,然后根据获得的统计显著性等来分析两个变量间的相关关系,可弥补传统的文献综述的不足。传统的文献综述方法是叙事式的,由作者自行挑选自以为重要的前人研究,当各研究结论冲突时,由作者自行判断哪一种结论较具价值;而元分析采用系统化的资料收集和数值分析,让文献综述更具客观性与证据力。元分析设计较严密,有明确的文献选择标准,并系统地考虑了研究的方法、结果测量指标、分类、对象对分析结果的影响,结合统计量给出了测量指标,提供了一种定量估计效应程度的机理,分析结果客观性强,具有科学性,提高了文献的综合统计能力。到 20 世纪 90 年代,元分析方法已经在许多人文科学、社会科学、自然科学领域得到了广泛应用。考虑到潜在微小的风险就可导致严重的后果,本书在采用元分析方法时,主要是抽取风险和安全因素,然后统计分析,不采用统计显著性来分析变量之间的相关关系。

互联网金融是个较新的概念,虽然国内已有学者对其展开了大量研究,但学术界和产业界对其内涵和影响作用还存在一定争议。因此,要提供一个实用性较强、争议较少的互联网金融产业安全评价指标体系,需要对以往大量的互联网金融的相关文献进行梳理,基于元分析方法,找出互联网金融的共性,如互联网金融特点、业务模式、影响作用等,并梳理出互联网金融相应的各类风险因素,这样才能为互联网金融产业安全评价指标体系的建立提供科学和坚实的素材及依据。

（2）基于指标体系设计原则的层次分析法

层次分析法（Analytic Hierarchy Process, AHP,又译为层级分析法）是一种用于组织和分析复杂性决策的结构化技术,在 20 世纪 70 年代最早由美国运筹学家匹茨堡大学教授托马斯·萨蒂等（Thomas L.Saaty）开发[1],主要应用在不确定情况下及具有数个评估准则的决策问题方面。它是将一个复杂的多目标决策问题作为一个系统,将目标分解为多个目标或准则,进而分解为多指标的若干层次,通过定性指标模糊量化方法算出层次单排序和总排序,以作为多指标、多方案优化决策的系统方法。层次分析法首先是将决策问题按总目标、各层子目标、评价准则直至具体的备投方案的顺序分解为不同的层次结

---

① Saaty,Thomas L.,Peniwati,Kirti, *Group Decision Making: Drawing out and Reconciling Differences*, RWS Publications, 2013.

构;其次用求解判断矩阵特征向量的办法,求得每一层次的各元素对上一层次某元素的优先权重;最后再加权求和的方法递阶归并各备择方案对总目标的最终权重,此最终权重最大者即为最优方案。该方法具有系统性、简洁实用及所需定量数据信息较少的优点,但也有定性成分多、权重难以确定、精确求法比较复杂及不能为决策提供新方案等缺点,比较适合于具有分层交错评价指标的目标系统,而且目标值又难以定量描述的决策问题。① 目前,层次分析法已在管理学和经济学等领域得到了大量的应用。

无规矩不成方圆,建立互联网金融安全评价指标体系,需要确立正确的评价指标体系设计原则。因此,本书首先基于产业安全评价体系的设计原则(如系统性原则、相关性原则、可测性原则、可控性原则、阶段性原则、科学性原则、战略性原则、规范性原则及实用性原则)来设计安全指标;其次基于成分分析法和层次分析法,将互联网金融产业安全评价指标体系按照宏观、中观、微观及国外和国内的层次,选取

---

① 赵静、但琦:《数学建模与数学实验》(第3版),高等教育出版社2008年版,第79页。

各类一级指标,再对各级指标进行逐层分解,确定完整的指标体系;最后,根据确定的指标体系,按照具体国情和行业发展现状,对各级指标赋予相对权重,建立初步的互联网金融产业安全预警系统方案。

(3)二手数据资料分析与一手实业调研分析相结合

本书的研究不能脱离行业实践,因此需要大量地研究现有公开可查的与互联网金融有关的二手数据资料,并对其进行分析整理。鉴于近几年互联网金融的安全事件已经多发,如网络借贷平台老板逃跑、P2P网络借贷项目违约率上升、网络众筹项目造假、具有传销性质的网络虚拟货币炒作和旁氏骗局性质的互联网理财等,因此,本书主要是从网上采集大量的互联网金融爆发的安全事件及相关新闻报道进行分析,从中梳理并总结与互联网金融有关的风险与安全影响因素。另外,中央政府及相关监管部门也针对互联网金融的潜在风险陆续发布了最新的监管政策、管理办法和相关法规,也有助于分析和总结相关风险和安全影响因素。

二手数据资料在加工和传输过程中,难免缺失细节和失真,如果可能,还需要对现有的互联网金融企业进行实地调研,获得行业的第一手资料。另外,本书的成果,征求了部分行业典型企业代表的意见,以尽量保证本书的研究成果能够满足国家和实业的需要。

(4)同行专家评审德尔菲(Delphi)方法

人无完人,即使对行业代表性企业进行调研以获取第一手数据资料,但由于企业个体自身企业利益或理论知识等局限性,根据少数企业或自行整理的互联网金融产业安全评价指标体系可能仍然存在局限性。德尔菲方法(Delphi Method),又称专家规定程序调查法,1946 年由美国兰德公司创始实行,该方法主要是由调查者拟定调查表,按照既定程序,以函件的方式分别向专家组成员进行征询,而专家组成员又以匿名的方式(函件)提交意见,经过若干轮的征询和反馈,最终意见会逐渐统一并获得较高准确率的集体判断结果。① 德尔菲方法本质上是一种反馈匿名函询法。其大致流程是:在对所要预测的问题征得专家的意见之后,进行整理、归纳、统计,再匿名反馈给各专家,再次征求意见,再集中,再反

---

① 张秀梅、刘俊丽、周晓英:《网络信息资源评价综述》,《图书馆学研究》2013 年第 24 期。

馈,直至得到一致的意见。德尔菲法是为了克服专家会议法的缺点而产生的一种专家预测方法,具有匿名性、反馈性和统计性特点。在预测过程中,专家彼此互不相识、互不往来,这就克服了在专家会议法中经常发生的专家们不能充分发表意见、权威人物的意见左右其他人的意见等弊病。各位专家能真正充分地发表自己的预测意见。

因此,本书采用德尔菲方法,邀请了对应产业界代表及理论界专家,发挥群体智慧的力量,提出与互联网金融紧密相关的安全评价指标体系,之后还采用同行专家评审方法对该指标体系进行评审征集意见,然后根据专家意见进一步修订和完善。

2. 技术路线

本书采取的技术路线见图0-1。

构建科学合理的互联网金融安全评价指标体系,需要根据学术研究和行业应用研究的一般规律,确定本书的技术路线。首先,梳理分析以往互联网金融相关文献,参考相关理论,确定本书的主要参考理论、研究方法和研究目标;其次,根据产业安全评价体系设计原则,综合采用相关文献元

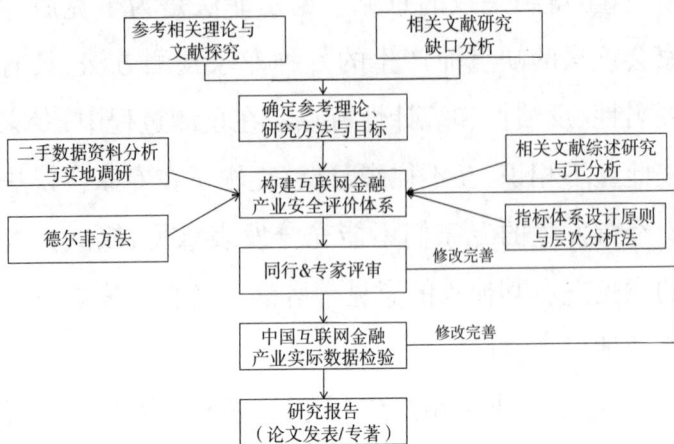

图 0-1 互联网金融安全评价体系研究技术路线

分析方法、层次分析法及德尔菲同行专家评审方法,结合二手资料数据分析法和实地调研方法,构建互联网金融产业安全评价指标体系;再次,将研究成果提供给实业界及同行专家征询意见,根据反馈意见进行修改完善,并将完善后的指标体系使用国内互联网金融的实际行业数据进行检验;最后,输出研究成果。

3.研究方案

根据本书的技术路线,形成的研究方案见图0-2。

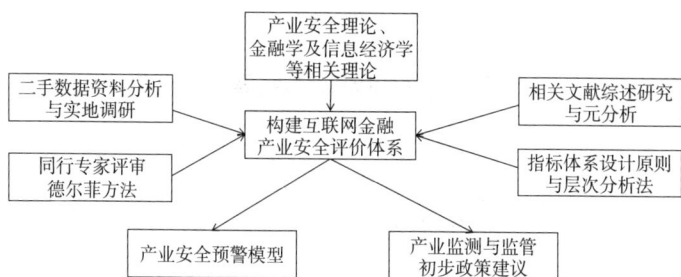

图 0-2　互联网金融产业安全评价体系研究方案

依托本书相关的产业经济学、产业安全理论、金融学及信息经济学等相关理论,首先对相关文献进行综述研究,使用文献元分析方法,确定互联网金融相关特征、业务模式、影响作用及相关风险,基于指标体系设计原则,综合采用层次分析法、二手数据资料分析与实地调研相结合方法及德尔菲同行专家评审方法,构建初步的互联网金融产业安全评价体系。其次,经过征询意见和实际行业数据测试的反馈进行多轮修改,确定本书的主要成果即互联网金融产业安全评价指标体系。最后,根据该评价指标体系,提出初步的互联网金融产业安全预警模型,并为互联网金融产业监测与监管提供初步的政策建议。

四、研究结果和意义

互联网金融作为金融产业的一部分,相比传统金融产业具有发展迅猛、无国界、影响范围广泛、传播速度快并且对传统金融能够起到交叉传染的作用。自 2014 年以来,中国互联网金融的安全风险事件多发频发,已经对国内的金融产业带来较大冲击和影响,如果缺乏对互联网金融安全的正确认识,放松监管,可能会危及中国的金融安全乃至触发系统性风险。因此,梳理总结互联网金融的安全影响因素,设计相应的安全评价指标体系并根据当期互联网金融行业发展和运行数据进行科学评价,构建系统科学而反应及时的中国互联网金融产业安全预警系统及提供监管措施建议,具有非常重要的理论和实践意义。

1. 实践意义

(1)有助于提高实业界及相关监管部门对互联网金融的科学完整认识水平

本书的研究需要对互联网金融的概念、特征、业务模式、作用和影响、风险及相关安全问题进行梳理、调研和分析,并与传统金融产业进行比较分析,梳理清楚互联网金融的优点与不足及促进作用和负面影响等。因此,本书在研究过程中整理的互联网金融相关理论和知识成果,有助于实业界和相关监管部门科学完整地认识互联网金融。

(2)有助于中国互联网金融行业的健康发展和有序管理

本书的主要研究目标是提出一套具有互联网金融特色的中国互联网金融产业安全评价指标体系,通过该指标体系,有助于政府及相关监管部门对互联网金融行业的运行状态加强监测和监管,提高互联网金融行业的管理水平,促进中国互联网金融行业的健康有序发展。

(3)有助于防范中国金融风险,保障国家金融及经济安全

本书提出的中国互联网金融产业安全评价指标体系,在充分利用以往中国金融产业安全的研究成果基础上,融合了传统金融的产业安全评价指标体系。因此,通过本书的研究和提出的产业安全指标

体系,不仅有助于加强中国互联网金融的安全监测和监管,还有助于统筹兼顾传统金融业的健康发展,防范中国整个金融产业的运行风险,最终保障中国金融产业安全及整个经济的安全健康发展。

2. 理论意义

(1)促进产业经济学、金融学等相关理论在互联网金融领域的应用与发展

在本书编写过程中,需要使用产业经济学、金融学及信息经济学等相关理论对互联网金融和传统金融进行综合对比和分析,以便提出具有互联网金融特色的产业安全评价指标体系。因此,本书的研究过程和目标成果,是产业经济学、金融学及信息经济学等相关理论的综合运用,并为后续学者提供研究方法和理论参考,促进产业经济学、金融学等相关理论在互联网金融领域的应用和发展。

(2)促进产业安全理论在互联网金融行业的应用与发展

近几年,互联网金融的相关研究得到了大量学者的关注并取得了部分研究成果,但互联网金融的产业安全研究尚未得到应有的关注。本书有助于产

业安全理论在互联网金融行业的应用和发展。传统加工制造行业的产业安全已得到大量的关注和研究,产业安全理论也在传统产业领域得到了大量的应用,但产业安全理论在新型服务业特别是基于互联网的各类创新服务还缺乏相应的应用,其理论的适用性还需要进一步检验。

(3)有助于提高互联网金融产业安全的理论研究水平

互联网金融领域的研究,学科交叉性强,需要多学科的理论知识和研究方法,如产业经济学、金融学及信息技术经济学等。纵观国内之前有关互联网金融的研究,侧重应用较多,而理论分析则偏少。期望本书能够综合应用相关学科的理论知识,对互联网金融进行综合理论分析,在现有金融产业安全评价指标体系的基础上,补充互联网金融相关的业务特色,完善金融产业安全评价指标体系,丰富产业安全理论研究在互联网金融领域的应用和拓展,从而有助于提高互联网金融产业安全的理论研究水平。

通过本书研究,主要得到以下研究成果:

(1)提出了具有互联网金融特色的产业安全评价指标体系;

（2）提出了初步的互联网金融产业安全预警系统方案；

（3）为中国互联网金融发展的监测和监管提供政策建议。

第一章　国内外研究和发展现状

一、国内外研究现状

相比传统金融,依托互联网技术的互联网金融的发展历史较短,其创新业务模式和相关理论还在不断发展和探索中。部分学者对互联网金融的研究进行了一些探索并取得了一些成果,总体而言,这些研究主要关注互联网金融的理论渊源、发展动力、内在属性、发展模式、风险与监管和对传统金融的影响五大方面。根据本书的研究问题,首先需要了解产业安全相关理论和已有金融产业安全研究成果,然后再综述互联网金融的概念和范围、特点、业务模式、潜在风险及其影响等,下面对其相关研究及产业安全相关成果和理论进行分析。

1. 互联网金融概念和范围

传统上,金融的功能包括支付、融资、理财和保险等。关于互联网金融的定义,国内外都存在不同的意见。互联网金融(Internet Finance)概念由中国学者谢平[1]首次提出,他认为,互联网金融有别于传统银行的间接融资和资本市场的直接融资,以互联网为代表的现代信息科技将对人类的金融模式产生根本性影响。但谢平提出的上述概念偏宏观,对互联网金融的定义缺乏准确性和可操作性,并认为互联网金融与传统金融存在根本不同。吴晓求[2]的观点与谢平观点基本一致,并进一步指出互联网金融是指以互联网为平台构建的具有金融功能链且具有独立生存空间的投融资运行结构,相比传统金融也存在根本不同,会对现存金融体系带来多方面的冲击,如经营理念、行业标准、业务模式、风险定义和风险管控等。而部分学者则对上述定义提出了不同意

---

[1]　谢平、邹传伟:《互联网金融模式研究》,《金融研究》2012 年第 11 期。

[2]　吴晓求:《中国金融的深度变革与互联网金融》,《财贸经济》2014 年第 1 期。

见。如周宇①认为,通过或依托互联网进行的金融活动和交易在广义上都属于互联网金融范畴,这个定义就把基于互联网渠道的传统金融业务和互联网金融业务统一到了广义范畴;李鑫与徐唯燊②综合国内以往学者的意见,强调了互联网金融在信息技术和数据处理能力方面与传统金融的不同,并指出互联网金融是通过互联网平台提供的信贷、融资等一系列金融服务。卜强③也认为,当前互联网金融的主要业务模式有网络支付、P2P网络借贷、大数据金融、众筹、信息化金融机构、互联网金融门户等。另外,基于互联网的消费金融、互联网理财等也受到了学者和机构的关注,如汽车消费金融、基于互联网的货币型基金理财服务等。④⑤ 申蕾⑥综合以往相关

---

① 周宇:《互联网金融:一场划时代的金融变革》,《探索与争鸣》2013年第9期。

② 李鑫、徐唯燊:《对当前我国互联网金融若干问题的辨析》,《财经科学》2014年第9期。

③ 卜强:《互联网金融风险与防控》,《中国金融》2014年第17期。

④ 王海军、王念、赵立昌:《互联网金融:缘起、解构与变革》,《武汉金融》2014年第10期。

⑤ 中国人民银行中关村国家自主创新示范区中心支行课题组、李玉秀、周丹、夏楠、杨荻、齐雪菲、李天懋、梁珊珊、甘瀛:《互联网消费金融对传统消费金融:冲击与竞合》,《南方金融》2016年第12期。

⑥ 申蕾:《我国互联网金融发展研究:一个文献综述》,《经济研究导刊》2015年第12期。

文献,将互联网金融的概念分为广义和狭义两种,广义的互联网金融指的是传统金融服务向互联网领域延伸,而狭义的互联网金融包括互联网居间服务及互联网金融服务。鉴于互联网金融的发展规模越来越大并对民众的金融生活和金融行业的影响越来越显著,中国在政府层面也对互联网金融的定义和范围给出了指导意见。在 2015 年 7 月中国人民银行会同各部委发布的《关于促进互联网金融健康发展的指导意见》中指出,"互联网金融是传统金融机构与互联网企业利用互联网技术和信息通信技术实现资金融通、支付、投资和信息中介服务的新型金融业务模式","互联网金融的本质仍属于金融,没有改变金融经营风险的本质属性,也没有改变金融风险的隐蔽性、传染性、广泛性和突发性",并给出了几种互联网金融业务模式,如"互联网支付、网络借贷、股权众筹融资、互联网基金销售、互联网保险、互联网信托和互联网消费金融等"。①

互联网金融的创新业务模式最早发源于欧美发达国家,是随着电子商务发展而来的,其业务形式及

---

① 盛夏、王升:《我国互联网金融消费者权益保护问题研究》,《金融发展研究》2017 年第 2 期。

业务监管也相对成熟。但是,相比国内研究,国外文献并没有明确的互联网金融概念,与国内互联网金融概念相近的有数字金融(Digital Finance)、电子金融(E-Finance 或 Online Finance)等,主要业务形态包括互联网支付、移动支付、网上银行等金融服务。[①]艾伦(Allen)等[②]认为,电子金融突出了互联网精神,并不是单纯依托互联网技术,而是基于互联网思想以技术作为必要支撑的金融,因此互联网金融与传统金融存在很大不同;而沙罗希(Shahrokhi)[③]也认为,电子金融不同于传统金融中介和资本市场,属于第三种金融模式。相比国内对互联网金融概念的整体性研究,国外对互联网金融的研究更多地分布在电子商务中的不同方向,研究范围相对更具体,更多地采用定量研究方法,如电子银行(e-Banking)[④]、电

---

① 田光宁:《互联网金融发展的理论框架与规制约束》,《宏观经济研究》2014 年第 12 期。

② Allen, Franklin, McAndrews, James, Strahan, Philip, "E-finance: An Introduction", *Journal of Financial Services Research*, Vol. 22, No. 1-2, 2002.

③ Shahrokhi, Manuchehr, "E-finance: Status, Innovations, Resources and Future Challenges", *Managerial Finance*, Vol. 34, No. 6, 2008.

④ Casaló, L. V., Flavián, C., Guinalíu, M., "The Role of Satisfaction and Website Usability in Developing Customer Loyalty and Positive Word-of-mouth in the e-banking Services", *International Journal of Bank Marketing*, Vol. 26, No. 6, 2008.

子支付（e-Payments）①或第三方支付（Third-Party Payments）②、众筹（Crowd Funding，P2P Lending 等）③④等。根据芮晓武与刘烈宏⑤的总结，从互联网金融的实现模式来看，欧美发达国家的互联网金融主要包括四种业务模式：新型的互联网融资模式、互联网服务方式、虚拟货币和互联网在传统金融业的应用，这个总结涵盖了传统金融的互联网化和互联网金融创新业务模式。

总之，从金融功能和业务模式角度，国内外对互联网金融的研究范围，主要包括网络支付、网络融资、互联网消费金融、互联网理财、虚拟货币及传统金融服务的互联网化等。由于传统金融产业的研究

---

① Carbunar，Bogdan，Shi，Weidong，Sion，Radu，"Conditional e-payments with Transferability"，*Journal of Parallel and Distributed Computing*，Vol. 71，No. 1，2011.

② Carbunar，Bogdan，Shi，Weidong，Sion，Radu，"Conditional e-payments with Transferability"，*Journal of Parallel and Distributed Computing*，Vol. 71，No. 1，2011.

③ Emekter，Riza，Tu，Yanbin，Jirasakuldech，Benjamas，Lu，Min，"Evaluating Credit Risk and Loan Performance in Online Peer-to-Peer（P2P）Lending"，*Applied Economics*，Vol. 47，No. 1，2015.

④ Gobble，M. M.，"Everyone Is a Venture Capitalist：The New Age of Crowdfunding"，*Research-Technology Management*，Vol. 55，No. 4，2012.

⑤ 芮晓武、刘烈宏：《中国互联网金融发展报告（2014）》，社会科学文献出版社 2014 年版。

已经相当丰富,因此本书的研究范围主要是关注狭义的互联网金融,即由非传统金融领域的互联网企业发起的基于互联网技术的金融业务,不包含传统金融服务的互联网化,具体到互联网金融的业务模式主要包括网络支付、P2P 网络借贷、众筹、互联网理财、互联网虚拟货币。下面对这几项的互联网金融模式作简要说明:

(1)网络支付

网络支付(Internet Payment)是将互联网作为技术媒介并利用网络信息技术平台进行的资金支付方和接收方之间的资金转移,如参与资金转移的网络购买者和产品/服务销售者,依托网络支付可实现从购买者到金融机构、商家之间的在线货币支付、现金流转、资金清算、查询统计等过程。本书研究的网络支付,重点关注第三方支付,即非金融机构通过一个面向大众开放的支付平台,在买卖双方作为信用中介,提供信用保证以确保交易顺利进行。① 第三方支付平台的作用仅仅是资金中转和中介,与资金所有权无关,如银联支付、支付宝支付、微信支付等。

①　申蕾:《我国互联网金融发展研究:一个文献综述》,《经济研究导刊》2015 年第 12 期。

（2）P2P 网络借贷

P2P 网络借贷（即 Peer-to-Peer Lending，简称 P2P 网络）是以互联网平台为中介，为需要借款和投资的双方提供交易契机及撮合；由于 P2P 网络借贷公司主要通过在线提供服务，相比传统金融机构，理论上他们能够提供更加低廉的服务。[①] 从定义来看，P2P 网络借贷的 P2P 是端到端，类似于 C2C（即 Customer to Customer，客户到客户），其业务范围主要是小微企业及个人之间提供端到端的中介服务，服务内容包括借贷项目信息发布、借贷信息浏览和交易撮合，并收取相应的中介服务费。国外平台如 Lending Club，国内平台如陆金服、拍拍贷、宜信及人人贷等。

（3）众筹

众筹（Crowd Funding）是指通过互联网为企业或个人对公众展示其创意，在争取关注和支持的同时获得所需资金的一种借贷模式。根据回馈方式不

---

① Bachmann, A., Becker, A., Buerckner, D., Hilker, M., Kock, F., Lehmann, M., Tiburtius, P., Funk, B., "Online Peer-to-Peer Lending—A Literature Review", *Journal of Internet Banking & Commerce*, Vol. 16, No. 2, 2011.

同,可将国内众筹分为奖励、股权、债权和捐赠众筹四类。① 奖励众筹是给出创意、设计产品等奖励回报形式募集资金,如众筹网、点名时间、追梦网等;股权众筹是以创立企业的股权作为回报,如原始会、天使汇及大家投等;债权众筹即以借贷形式将利息作为回报,本质上是网络融资的一种,属于 P2P 网络借贷;捐赠众筹则是对发起的项目(多为公益类)进行捐赠,没有金钱或物质回报。鉴于国内法律法规和监管政策限制及信用体系尚不完善,国内的股权众筹发展相对缓慢,奖励众筹则发展迅速(如京东的产品众筹),而公益类的捐赠众筹发展涉及欺诈较多。

(4)互联网理财

互联网理财(Internet Financial Management)又称为网络理财,从服务提供者角度而言,是指互联网平台企业依托自身的互联网技术和信息技术平台,与金融机构的相关金融产品合作,通过互联网渠道为用户提供的资金投资收益服务,如各类互联网货币型基金、将相应债权捆绑后的互联网投资理财服务等;就

---

① 孙越:《众筹风险控制问题研究》,《时代金融》2014 年第 12Z 期。

用户角度而言,网络理财是指用户通过互联网将自有资金投资于商家提供的各类理财服务,以实现自身资产收益的最大化。① 严格来讲,出借人参与 P2P 网络借贷的投资也属于网络理财的一种,但各类通过互联网销售的开放式货币型基金更受到关注,如支付宝推出的"余额宝"、腾讯公司微信提供的"理财通"、京东"小金库"等各类"宝宝"型货币基金等。

(5)互联网虚拟货币

互联网虚拟货币(Virtual Currency 或 Virtual Money)是指一种无监管的数字货币(Digital Money),由开发者发行和控制并由特定虚拟社区中的成员使用和接受。② 祁明与肖林③按照是否有发行中心的标准,将虚拟货币分为两大类:一是以 Q 币等游戏币为代表的有发行中心的类法定货币的虚拟货币,可以在网络游戏虚拟社区用来购买各种虚拟产品或相关增值服务,其他游戏币如天龙币、封神

---

① 王伟:《互联网理财产品销售之说明义务》,《学术交流》2016 年第 12 期。

② European Central Bank, *Virtual Currency Schemes*, Frankfurt am Main: European Central Bank, 2012.

③ 祁明、肖林:《虚拟货币:运行机制、交易体系与治理策略》,《中国工业经济》2014 年第 4 期。

币、梦幻币等；二是以比特币(BitCoin)为代表的"去中心化"的类金属货币的虚拟货币，发行和交易不再依赖于中央银行或政府等机构的担保，而是依托对等网络中的各个网络节点之间的网络协议及货币产生和交易规则，其他该类虚拟货币还有火币、以太币、OKcoin等。第二类虚拟货币由于可借助各类交易平台兑换为各国政府发行的法定货币，随着其交易规模和使用范围的不断扩大，已经引起各国央行监管层的关注。

2. 互联网金融特点、影响与风险

随着技术的进步，信息技术相关硬件的价格不断下降，而信息处理能力却越来越强，互联网基础设施和智能手机也得到了迅速发展和普及，从而促使越来越多的个人和企业在任何时间和任何地点都可以使用各种各样的互联网服务，这客观上极大地方便了人们的生活、工作和经济活动。互联网技术与金融服务结合而成的互联网金融，天然具有互联网自身的特点和优势。谢平与邹传伟[1]通过对互联网

---

① 谢平、邹传伟:《互联网金融模式研究》,《金融研究》2012 年第 11 期。

金融支付方式、信息处理和资源配置方面的分析,认为互联网金融模式能通过提高资源配置效率、降低交易成本来促进经济增长,并将产生巨大的社会效益。曾刚①进一步认为,互联网金融的信息处理优势还有助于降低风险成本,优化直接融资占比和金融业务结构。曹国华与张冰琪②认为,互联网金融具有虚拟化、无国界化、技术装备水平高等特点。龚明华③认为,互联网金融具有普惠性、数字化和便利化等特点。彭涵祺与龙薇④分析认为,互联网金融的经济学特征包括信息的相对对称性、相对较低的交易成本及更强的资源可获得性。总体而言,当前学者多数认为,互联网金融依托互联网企业积累的用户交易、消费行为等大数据,采用先进的信息处理技术、数据挖掘和人工智能技术,能够显著降低传统金融所面临的信息不对称性和相应的交易成本和风

---

① 曾刚:《积极关注互联网金融的特点及发展——基于货币金融理论视角》,《银行家》2012 年第 11 期。
② 曹国华、张冰琪:《互联网金融的现状及前景展望》,《商业时代》2014 年第 6 期。
③ 龚明华:《互联网金融:特点、影响与风险防范》,《新金融》2014 年第 2 期。
④ 彭涵祺、龙薇:《互联网金融模式创新研究》,《湖南社会科学》2014 年第 1 期。

险成本,提供更快速和便捷的创新金融服务,从而弥补现有传统金融服务的不足,优化金融服务结构,从而促进经济增长和社会福利。

但是,由于相应的法律法规、监管政策及相应标准滞后,互联网金融在快速发展过程中也会伴随相应的负面影响和风险。刘勤福与孟志芳[①]认为,互联网金融本质上是信用中介,短期内体现为金融服务通道功能,如果市场准入与市场监管成本偏低,长期内可能对商业银行发展形成负面冲击。刘志洋与汤珂[②]认为,互联网金融的本质还是金融,同样具备传统金融所固有的风险,如流动性风险和信用风险等,但是在风险的表现形式和特征上两者存在差异,这些差异体现在风险的传染性和风险之间的转化方面;另外,相比传统金融,互联网金融借助互联网技术能够更好地管理操作风险、信用风险等。任春华与卢珊[③]指出,互联网金融风险有五种类型:网络技

---

① 刘勤福、孟志芳:《基于商业银行视角的互联网金融研究》,《新金融》2014年第3期。

② 刘志洋、汤珂:《互联网金融的风险本质与风险管理》,《探索与争鸣》2014年第11期。

③ 任春华、卢珊:《互联网金融的风险及其治理》,《学术交流》2014年第11期。

术风险、业务管理风险、货币政策风险、法律法规风险及各种犯罪风险,并指出互联网金融风险有五个特点,即并存性、多样性、虚拟性、超越性及速发性。魏鹏[①]进而补充了互联网金融存在经营主体风险和市场流动风险及随之而来的资金安全风险和货币政策风险等,并总结了发达国家对互联网金融的主要监管方式。谢平与尹龙[②]认为,金融治理在网络经济活动中还面临金融风险交叉传染、网上瞬间交易量剧增而导致的支付、清算风险及突然爆发的金融危机破坏性加大的风险问题。总之,根据乔海曙与吕慧敏[③]对互联网金融风险的相关研究总结,互联网金融不仅拥有传统金融所具备的风险,如流动性风险、信用风险、技术风险、操作风险乃至系统性风险等,而且具有互联网技术自身所带来的相关风险,如:用户敏感信息可能被泄露及个人财产可能受损的风险,支付、清算等风险更容易通过互联网快速扩散,政

---

① 魏鹏:《中国互联网金融的风险与监管研究》,《金融论坛》2014 年第 7 期。

② 谢平、尹龙:《网络经济下的金融理论与金融治理》,《经济研究》2001 年第 6 期。

③ 乔海曙、吕慧敏:《中国互联网金融理论研究最新进展》,《金融论坛》2014 年第 7 期。

策、法律及合规风险,互联网金融所广泛服务的小微企业及普通民众的风险承受能力弱、风险识别能力差及潜在的集体非理性更容易爆发的风险等。

总之,互联网金融与互联网精神融合,依托几乎无处无时不在的互联网渠道和先进的信息处理技术、大数据挖掘及人工智能等相关技术,具有传统金融所欠缺的响应即时迅速、成本低、服务效率高、消费门槛低而覆盖范围广的特点和优点,从而弥补了传统金融普惠金融服务的不足,优化了金融服务结构。但由于各类监管措施及相应标准规范的滞后,互联网金融在快速无序发展过程中,也为金融服务和经济发展带来了相应的风险与安全隐患,如首当其冲的法律、法规和合规风险,相应的信用风险、道德风险及流动性风险及系统性风险,与技术相关的网络安全风险及技术操作风险等。因此,对于互联网金融创新业务模式,需要正确认识其特点和优点所带来的效益,还要清醒地正视和防范其潜在的风险和安全隐患。

3. 产业安全及金融产业相关理论

(1)产业安全相关理论

欲研究互联网金融产业安全评价指标体系,首先需要明确产业安全的相关概念及金融产业的相关理论。根据李孟刚[①]的定义,产业安全是指特定行为体的自主产业的生存和发展不受威胁的状态,具体包含三层含义,即安全主体、产业安全及产业安全度;安全主体是特定行为体的自主产业;产业安全包含生存安全和发展安全两个方面;产业安全度是指评价产业受威胁的程度。李孟刚[②]基于产业经济学中的产业保护理论、产业损害理论、产业国际竞争力理论和产业控制理论,首次创新性地建立了产业安全理论体系,并提出了相应的产业安全评价与预警模型框架。李孟刚提出的产业安全评价指标体系包括四部分主要内容,即产业国内环境评价、产业国际竞争力评价、产业对外依存度评价和产业控制力评价,并针对上述内容分别提出了二级和三级评价指标(见图1-1)。该产业安全理论体系有很强的理论综合性和科学性,在后续的相关产业安全研究中得到了大量应用,如《中国文化产业安全报告(2014)》《中国保险产业安全报告(2011)》《中国能源产业安

[①] 李孟刚:《产业安全理论研究》,中华书局2013年版。
[②] 李孟刚:《产业安全理论研究》(第2版),经济科学出版社2010年版。

全报告(2011—2012)》及荆竹翠等[①]对中国金融产业安全评价指标体系的研究等。其他学者和相关文献也对产业安全及相关理论进行了研究,但相比而言,李孟刚对产业安全相关理论的研究相对更全面,并且针对不同行业和产业的相关应用相对更加广泛。

(2)信号理论与金融中介

在对传统金融和互联网金融的研究分析方面,参考的相关理论较多。如信息经济学中的学者阿克洛夫(Akerlof)[②]提出的信号理论(Signaling Theory)认为,交易发生前的不对称信息博弈称为逆向选择问题,逆向选择的存在会致使市场稀薄及交易量萎缩。在经济学中,信号是一方向另一方提供令人信服的信息,如在就业市场信号模型中,潜在的雇员送出一个信号向雇主证明自己的能力水平,该信号通常是提供自己的学业水平(包括文凭等),该凭据通常能为雇主衡量雇员水平时起到正面积极作用。但

---

①　荆竹翠、李孟刚:《中国金融产业安全评价指标体系研究》,《山西财经大学学报》2012 年第 1 期。

②　Akerlof, George A., "The Market for 'Lemons': Quality Uncertainty and the Market Mechanism", *The Quarterly Journal of Economics*, Vol. 84, No. 3, 1970.

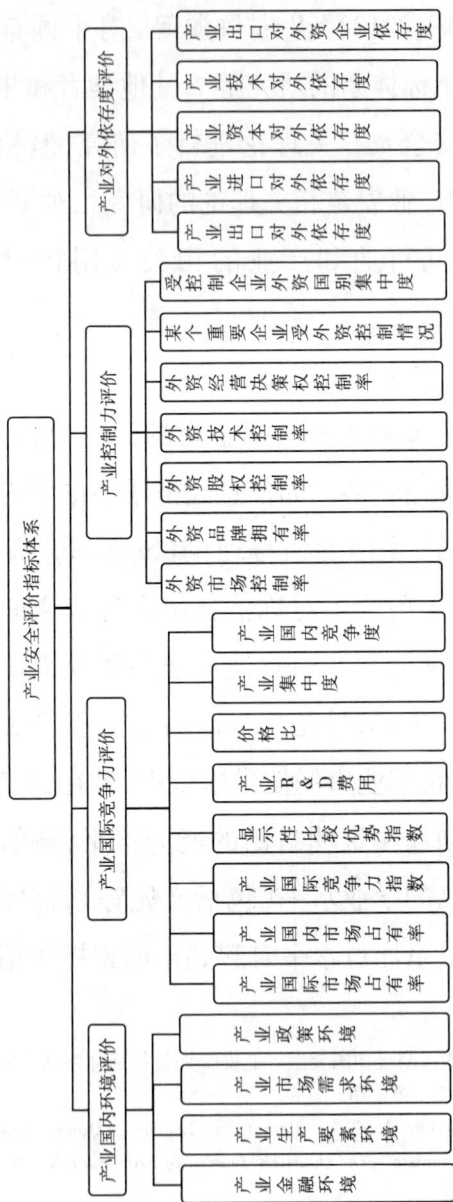

图1-1　产业安全评价指标体系

资料来源：李孟刚：《产业安全理论研究》，中华书局2013年版。

是在市场交易或商业活动中,交易双方往往很难完整掌握对方的信息(信息不对称),只能根据对方外在呈现的质量信息来进行决策判断。对传统金融业来说,由于信息不对称和交易成本问题,金融市场上资金融通过程中,投融资双方很难直接发生金融活动,在资金供求者之间需要相对可靠的媒介或桥梁,也就是提供相应金融服务的金融机构,因此信息不对称是金融中介存在的最重要的原因[1],由此基于金融中介视角的功能观在金融分析中大量应用。如米什金(Mishkin)[2]指出,金融中介借助规模经济和专门的信息处理技术能够降低资金融通的交易成本,能够一定程度上缓解由于信息不对称所导致的逆向选择和道德风险问题。默顿(Merton)等[3]认为,金融功能比金融机构更加稳定,若发挥融资、风险管理以及信息挖掘等功能,需要借助于各类信息

---

[1]　Brealey, Richard, Leland, Hayne E., Pyle, David H., "Informational Asymmetries, Financial Structure, and Financial Intermediation", *The Journal of Finance*, Vol. 32, No. 2, 1977.

[2]　Mishkin, Frederic S., *The Economics of Money, Banking, and Financial Markets*, Pearson Education, 2007.

[3]　Merton, Robert C., Bodie, Zvi, "Deposit Insurance Reform: A Functional Approach", *Carnegie-Rochester Conference Series on Public Policy*, Elsevier, 1993.

的搜集和处理能力；默顿①进一步指出，提供支付手段、提供融资和投资的机制及提供管理不确定与风险控制的机制是金融体系提供的主要功能。而互联网金融借助互联网技术作为平台中介可以容易方便地获取投融资双方的信息并在网络上公开，减少了信息不对称性从而能够显著改善借款人的信用条件，减少风险特征。② 由于信息不对称及相应的信贷成本问题，传统金融机构更乐意向大型企业组织提供金融服务，即遵循传统商业中大量采用的二八定律（又称为帕累托法则，即商业中 80% 的业绩来自 20% 的产品或客户），而忽视或不愿为小微企业提供融资服务，导致小微企业普遍遇到融资难的问题。

（3）长尾理论

虽然二八定律在传统商业中得到了普遍应用，但克里斯·安德森（Chris Anderson）③通过研究电子

---

① Merton, Robert C., "A Functional Perspective of Financial Intermediation", *Financial Management*, Vol. 24, No. 2, 1995.

② Berger, Sven C., Gleisner, Fabian, "Emergence of Financial Intermediaries in Electronic Markets: The Case of Online P2P Lending", *BuR-Business Research*, Vol. 2, No. 1, 2009.

③ Anderson, Chris, *The Long Tail: Why the Future of Business is Selling Less of More*, Stockholm: Hyperion, 2006.

商务类企业如亚马逊等的业务模式,提出了不同于传统商业帕累托法则的长尾理论(Long Tail Theory,又译为长尾效应),认为只要存储和流通的渠道足够大,需求不旺或销量不佳的产品共同占据的市场份额完全可以与热门卖品所占据的市场份额相匹敌。传统商业经营看重的是销售曲线左端的少数畅销商品,而曲线右端的多数冷门商品,往往被认为是不具销售力且无法获利的区块;但长尾理论却认为互联网的崛起打破了这项铁律,互联网的无时无处的超低接入成本及即时可达性使销售面跨越了时空限制,让98%的产品都有机会销售,而不再只依赖于20%的主力产品,而这些具有长尾特性商品的累积效应将使企业营利有了客观的价值,长尾商品和服务的累积规模和商业总值甚至可与畅销商品和服务抗衡。长尾理论的理论数学基础其实很简单,就是将庞大的长尾利基商品量乘以相当小的单项长尾商品销售量,其获利仍极为可观,如亚马逊、Netflix(译为网飞)及 Real.com/Rhapsody 的网络音乐服务、网络拍卖。如果想利用长尾效应取得显著效果,企业就必须积极注意那些消费者的个性化需求。在亚马逊这个案例上,可应用"长尾"概念来解释:它一半左右的销售来自比较热门的商品,而另一半却来自相对不那么热门的商品。布伦乔尔森(Brynjolfsson)等[①]也认为,在信息化条件下,由于能够设计更多产品并降低投融资门槛,允许用户发现他们之前未曾考虑的产品,满足各类个性化需求,那么赢利水平同样十分可观。互联网技术的任何时间和任何地点面向任何人的开放性,使依托互联网渠道的金融业务相比传统金融业务模式的地理和时间限制消失,面向客户服务的单位成本大幅度降低,因而极大地提高了金融部门的规模经济[②],并借助信息技术的大数据处理能力为小微企业和个人用户提供普惠服务提供了可能。

(4)产业组织理论 SCP 理论模型

以贝恩(Bain)[③]为代表的哈佛学派于 20 世纪 60 年代提出的产业组织理论 SCP(即 Struct、Conduct 及 Performance 的首字母缩写)理论模型,把产业分

---

① Brynjolfsson,Erik,Hu,Yu Jeffrey,Smith,Michael D.,"From Niches to Riches:Anatomy of the Long Tail",*Sloan Management Review*,Vol. 47,No. 4,2006.

② Mishkin,Fredric S.,Strahan,Philip E.,*What will Technology do to Financial Structure?*,National Bureau of Economic Research,1999.

③ Bain,Joe Staten,*Industrial Organization*,John Wiley & Sons,1968.

解成特定的市场结构、行为和绩效三个方面,用于分析在行业或者企业受到表面冲击时,可能的战略调整及行为变化,它是产业组织分析的一种常用方法。市场结构是指特定市场中的企业在数量、份额、规模上的关系;企业行为是市场结构、经济绩效的联系纽带,企业行为通过各种策略对潜在进入者施加压力从而影响市场结构;经营绩效是指特定市场结构下,通过特定企业行为使某一产业在价格、产量、成本、利润、产品质量、品种及技术进入等方面达到的状态。SCP 理论模型提供了一个既能深入具体环节,又有系统逻辑体系的市场结构—市场行为—市场绩效的产业分析框架,它要求一个更加严格的战略分析过程,而不仅是定性的和描述性的;SCP 理论模型着重把行为作为取得业绩的关键,有清晰的动态模式来解释如何及为什么业绩随着时间而改变。SCP理论模型的基本含义是,市场结构决定企业在市场中的行为,而企业行为又决定市场运行在各个方面的经济绩效。张春霞与罗守贵[1]及李明志等[2]通过

---

　　①　张春霞、罗守贵:《我国制造业 SCP 范式实证研究》,《生产力研究》2006 年第 11 期。
　　②　李明志、柯旭清、罗金峰:《产业组织理论》(第 2 版),清华大学出版社 2014 年版。

文献总结,指出 SCP 理论模型认为结构、行为、绩效之间存在因果关系,即市场结构决定企业在市场中的行为,而企业行为又决定市场运行的经济绩效。SCP 理论模型也常用于金融产业的分析研究,如国外汉南(Hannan)[1]和伊万诺夫(Evanoff)等[2]对银行业的结构、行为和绩效进行了分析。也有国内学者将 SCP 理论模型应用到金融产业研究方面。如芮晓武与刘烈宏[3]基于 SCP 理论模型对互联网金融的风险进行了分析,指出互联网金融可能对传统金融机构带来冲击;荆竹翠与李孟刚[4]基于 SCP 理论模型,提出了我国金融产业安全评价指标体系等。

总体而言,本书重点参考了产业经济学中的 SCP 理论模型、金融学领域金融中介理论及产业安全相关理论。SCP 理论模型,可以为本书从产业结

---

[1] Hannan, Timothy H., "Foundations of the Structure-conduct-performance Paradigm in Banking", *Journal of Money, Credit and Banking*, Vol. 23, No. 1, 1991.

[2] Evanoff, Douglas D., Fortier, Diana L., "Reevaluation of the Structure-conduct-performance Paradigm in Banking", *Journal of Financial Services Research*, Vol. 1, No. 3, 1988.

[3] 芮晓武、刘烈宏:《中国互联网金融发展报告(2014)》,社会科学文献出版社 2014 年版。

[4] 荆竹翠、李孟刚:《中国金融产业安全评价指标体系研究》,《山西财经大学学报》2012 年第 1 期。

构角度分析互联网金融和传统金融的发展结构、相互影响及可能导致的整个金融产业的绩效结果;金融中介理论有助于分析互联网金融和传统金融业务中的交易成本、风险与安全隐患、业务效率与效果,并有助于对比分析两者的特点和差异;产业安全相关理论有助于认识产业安全需要考虑的分析视角和原则、研究范围、相关影响因素、影响范围及相应的安全评价指标体系构建方法等。

4. 金融风险与金融产业安全相关研究

金融是现代经济的基础,发展不当和相关的金融风险会对整个国民经济带来负面影响和冲击,甚至导致金融危机和经济萧条,因此,金融安全一直是金融领域的重要研究题目。国外研究方面,早在 1983 年,戴蒙德(Diamond)等[1]就阐述了流动性风险对银行业的影响,并指出历史上绝大多数的金融危机实质上都与银行业的流动性风险有关;戴南(Dynan)等[2]

---

[1] Diamond, Douglas W., Dybvig, Philip H., "Bank Runs, Deposit Insurance, and Liquidity", *The Journal of Political Economy*, Vol. 91, No. 3, 1983.

[2] Dynan, Karen E., Elmendorf, Douglas W., Sichel, Daniel E., "Can Financial Innovation Help to Explain the Reduced Volatility of Economic Activity?", *Journal of Monetary Economics*, Vol. 53, No. 1, 2006.

认为,金融创新有利于经济稳定,促进家庭和企业的借贷等经济活动,但金融产品种类的增加将使整个宏观经济体系面临更大的系统性风险;古尔迪曼(Guldimann)①认为,技术的发展正在重塑投资管理的结构,国际性交换正在威胁国家金融市场的治理,新的风险正在威胁全球网络的稳定性和流动性等。国内研究方面,王硕平②运用因子分析法和层次分析法建立了我国金融风险系统结构,确定了风险指标权重并对金融综合风险进行了评价;张奇③指出,金融市场长期偏离均衡会导致金融风险,进而在传导机制作用下影响实体经济;向文华④探索了金融自由化进程中金融风险向金融危机转化的条件、原因和后果;时辰宙⑤认为,金融创新风险主要集中在金融工具、金融机构、金融政策等环节。总之,传统

① Guldimann, Till M., "How Technology Is Reshaping Finance and Risks:Technology, Especially the Internet, is Creating Revolutionary Changes in Costs, Regulation, and Competition", *Business Economics*, Vol. 35, No. 1, 2000.

② 王硕平:《对我国金融风险的系统分析》,《财经科学》2000年第3期。

③ 张奇:《金融风险论——体制转轨时期金融风险形成机理与金融稳定机制》,东北财经大学2002年博士学位论文。

④ 向文华:《金融自由化与金融风险相关性研究综述》,《经济学动态》2005年第12期。

⑤ 时辰宙:《现代金融创新风险研究——基于美国次贷危机的视角》,《河北金融》2008年第6期。

金融面临的风险,主要在于其稳定性和流动性,而稳定性和流动性又受金融产品种类、金融结构及相关的工具和政策等因素影响,而金融风险管控不当,则会冲击宏观经济的稳定和发展,甚至会加剧金融危机和经济危机的诞生和扩散。

历史上的多次经济危机,都是由金融危机导致的。如1997年的亚洲金融危机和2007年美国的次贷危机,这些金融危机,小则影响一个国家的经济,大则可能发展为区域性乃至全球性的经济危机,因此,由金融风险及带来的相关金融安全成为国内外学者研究的重要内容。国内对金融安全问题的研究主要包括银行业、资本市场和实体经济三类。雷家骕[1]认为,金融系统中的相关部门及业务管理中的个别金融风险会给整体金融安全带来隐患;刘锡良[2]指出,金融安全首先是金融自身功能的正常实现,能够正常保障资金流渠道畅通及弥补市场不完备性;刘沛与卢文刚[3]认为,金融安全是基于信息的

---

[1]　雷家骕:《中国金融安全》,经济科学出版社2000年版。
[2]　刘锡良:《中国经济转轨时期金融安全问题研究》,中国金融出版社2004年版。
[3]　刘沛、卢文刚:《金融安全的概念及金融安全网的建立》,《国际金融研究》2001年第11期。

对称、完全及其反馈机制和应激机制良好的运行基础上的动态均衡;何德旭与郑联盛[1]辩证地论述了金融创新与金融安全关系,认为金融创新作为金融领域各种要素的重新优化组合和各种资源的重新配置,既有助于金融体系的稳定和金融安全,也有可能严重负面影响整体金融安全;乔久恒[2]综合以往金融安全相关研究,指出影响国家金融安全体系的主要问题,在于金融创新带来的金融安全缺失、金融安全体系职能不完善及风险防范处置能力不强等;马利特等(Mallett 等)[3]认为,信贷危机是巴塞尔(Basel)规制框架的多种失败因素结果,包括去除央行存款保证金要求、允许金融机构将债务用作规制资产及总量控制等。

在金融的产业安全层面,国内也有学者开展了部分研究。成思危[4]提出,我国金融业的国际竞争

---

① 何德旭、郑联盛:《从美国次贷危机看金融创新与金融安全》,《国外社会科学》2008 年第 6 期。

② 乔久恒:《金融产业安全的国内研究综述》,《商业经济》2010 年第 1 期。

③ Mallett,Jacky,"What are the Limits on Commercial Bank Lending?", *Advances in Complex Systems*, Vol. 15, No. 2, 2012.

④ 成思危:《提高金融产业竞争力 确保金融产业安全》,《中国流通经济》2010 年第 2 期。

力还相对较低,主要表现为金融创新相对落后,金融业最终要提高国际竞争力,必须关注自身的发展;郑新立[1]指出,我国金融发展存在几个明显的结构性问题,如直接融资与间接融资、债券市场与股票市场、中小银行与大银行的发展等;周延礼[2]对我国保险行业的产业安全状况进行了分析,认为保险产业安全是一个动态变化的过程,需要进一步完善防范、化解保险风险和保护被保险人利益的机制和制度;刘颖[3]认为,我国的金融业存在竞争力、控制力等安全性风险,并将整个金融产业安全评价体系分为指标构建、指标警戒、综合评分三部分;乔久恒[4]则从中观和宏观角度对金融产业安全进行了初步的研究,指出我国防范金融创新风险,必须提高金融创新的信息透明度,加强对金融创新产品的风险管

[1] 郑新立:《深化金融体制改革 促进金融产业安全》,《中国国情国力》2007年第5期。

[2] 周延礼:《维护保险产业安全 促进经济金融发展》,《中国流通经济》2010年第2期。

[3] 刘颖:《我国金融产业安全的实证研究》,《中国外资》2009年第10期。

[4] 乔久恒:《金融产业安全的国内研究综述》,《商业经济》2010年第1期。

理,完善金融创新的监管体系;李孟刚[①]从产业安全的视角,系统地研究和评估了中国金融产业中银行业、证券业、保险业、信托业和租赁典当业的运行情况及各行业的监管体系,并指出了我国金融业在经济全球化进程中存在三方面不稳定因素:外部竞争、金融业内在竞争力不足及金融管理体制有待完善和监管法制有待健全等;陈弯弯与赵春花[②]也基于以往研究对金融风险对产业安全的影响进行了综述;荆竹翠与李孟刚[③]基于产业安全相关理论提出了中国金融产业发展中的结构分布及产业安全评价指标等。

根据上述文献分析,总体而言,金融发展过程中,由于产业结构发展不均衡、监管滞后或内部管理和系统操作等原因,可能会给金融产业发展带来潜在风险,从而带来相应的金融安全问题,甚而导致金融危机,并危及宏观经济稳定。而金融安全的首要

---

① 李孟刚:《中国金融产业安全报告(2011—2012)》,社会科学文献出版社 2012 年版。
② 陈弯弯、赵春花:《金融风险对产业安全影响的研究综述》,《中国电子商务》2011 年第 7 期。
③ 荆竹翠、李孟刚:《中国金融产业安全评价指标体系研究》,《山西财经大学学报》2012 年第 1 期。

因素,是各个金融单位的自身健康发展及整体金融结构的均衡健康发展,其次还要考虑金融与产业经济的整体发展结构及相互影响。

5.国内外研究汇总

根据前述文献分析,整理汇总的主要相关理论、观点和发现见表1-1。

表1-1　互联网金融与产业安全主要相关文献

类别	主张与发现	作者	文献
相关理论	产业安全理论:基于产业经济学中的产业保护理论、产业损害理论、产业国际竞争力理论和产业控制理论,创新性地构建了产业安全理论体系,并提出了相应的产业安全评价与预警模型框架	李孟刚	[36]
	信号理论:交易发生前的不对称信息博弈称为逆向选择问题,逆向选择的存在会致使市场稀薄、交易量萎缩;对传统金融业来说,信息不对称是金融中介存在的最重要的原因	阿克洛夫	[102]
	金融中介理论:金融中介借助规模经济和专门的信息处理技术能够降低资金融通的交易成本,能够在一定程度上缓解由于信息不对称所导致的逆向选择和道德风险问题	米什金、默顿	[125] [124]
	长尾理论:只要存储和流通的渠道足够大,需求不旺或销量不佳的产品共同占据的市场份额可与热门卖品所占据的市场份额相匹敌。 在信息化条件下,由于能够设计更多产品并降低投融资门槛,允许用户发现他们之前未曾考虑的产品,满足各类个性化需求,那么赢利水平同样十分可观	安德森 布伦乔尔森 等	[104] [109]
	产业组织理论SCP理论模型:把产业分解成特定的市场结构、行为、绩效三个方面,并认为结构、行为、绩效之间存在因果关系	贝恩等	[106]

续表

类别	主张与发现	作者	文献
金融风险	金融创新有利于经济稳定,促进家庭和企业的借贷等经济活动,但金融产品种类增加将使整个宏观经济体系面临更大的系统性风险	戴南等	[114]
	技术的发展正在重塑投资管理的结构,国际性交换正在威胁国家金融市场的治理,新的风险正在威胁全球网络的稳定性和流动性	古尔迪曼	[119]
	金融创新风险主要集中在金融工具、金融机构、金融政策几个环节	时辰宙	[66]
	金融市场长期偏离均衡会导致金融风险,进而在传导机制作用下影响实体经济	张奇	[91]
金融安全	金融安全首先是金融自身功能的正常实现	刘锡良	[50]
	金融创新作为金融领域各种要素的重新优化组合和各种资源的重新配置,可能严重负面影响整体金融安全	何德旭等	[20]
	金融安全体系职能不完善、风险防范处置能力不强等问题影响国家金融安全体系	乔久恒	[60]
	将整个金融产业安全评价体系分为指标构建、指标警戒、综合评分三部分	刘颖	[51]
	我国金融业存在的不稳定因素:即外部竞争、金融业内在竞争力不足及金融管理体制有待完善和监管法制有待健全等	李孟刚	[34]
	提出了中国金融产业发展中的结构分布评价指标	荆竹翠等	[29]
互联网金融特征	互联网金融模式能通过提高资源配置效率、降低交易成本来促进经济增长	谢平等 曾刚	[82] [86]
	互联网金融具有虚拟化、无国界化、技术装备水平高等特点	曹国华等	[5]
	互联网金融具有普惠性、数字化和便利化等特点	龚明华	[17]
	互联网金融的经济学特征包括信息的相对对称性、相对较低的交易成本及更强的资源可获得性	彭涵祺等	[57]

续表

类别	主张与发现	作者	文献
互联网金融影响与风险	互联网金融本质是信用中介,短期内体现为金融服务通道功能,长期内可能对商业银行发展形成负面冲击	刘勤福等	[48]
	互联网金融的本质还是金融,同样具备传统金融所固有的风险,但互联网金融借助互联网技术能更好地管理操作风险、信用风险等	刘志洋等	[54]
	互联网金融风险有五个特点,即并存性、多样性、虚拟性、超越性及速发性	任春华等	[62]
	补充了互联网金融存在经营主体风险和市场流动风险及随之而来的资金安全风险和货币政策风险	魏鹏	[77]
	互联网金融不仅面临传统金融风险,而且也具有互联网技术所带来的特殊风险	乔海曙等	[59]

　　总体而言,本书梳理分析了以往成熟的产业经济学、产业安全及金融学相关理论,从理论适用范围和逻辑解释角度分析可以得出结论:即产业经济学常用的 SCP 理论模型、金融学典型的金融中介理论及李孟刚整理总结的产业安全相关理论等可以作为本书的参考理论和分析视角;而以往互联网金融方面的概念、特点、影响和风险的研究,可以在传统金融与互联网金融比较的基础上分析互联网金融自身的风险和安全影响因素。

　　由前述文献分析可知,多数学者一致认为,互联网金融创新服务模式,能够有效弥补传统金融业务模式的不足并改善普惠金融服务,促进经济

发展,但发展过程中的风险和安全因素同样需要重视,否则可能带来相应严重的金融安全问题。虽然国内外学者对互联网金融进行了大量研究,如互联网金融特点、影响、风险及监管等,但相比传统金融的产业安全研究,目前互联网金融的产业安全研究还没有得到学者的关注,特别是针对互联网金融的安全评价指标体系,目前还处于研究空白。

二、国内外发展现状与问题

从互联网金融的实现模式来看,芮晓武与刘烈宏[1]将欧美发达国家的互联网金融用四个模式概括:新型的互联网融资模式、互联网服务方式、虚拟货币和互联网在传统金融业的应用。与中国的互联网金融发展相比,欧美发达国家有完善的、多层次的金融体系,建立了完善的社会信用体系,市场竞争充分,服务相对普及和完善,能够满足大部分个人或企

---

[1] 芮晓武、刘烈宏:《中国互联网金融发展报告(2014)》,社会科学文献出版社2014年版。

业的金融需求。因此,发达国家的互联网金融虽然发展更早,但并未对传统金融体系和金融服务带来较大的冲击。

1. 中国互联网金融发展现状

2014 年,"互联网金融"首次写入中国政府工作报告,十二届全国人大二次会议审议的政府工作报告提到,"促进互联网金融健康发展,完善金融监管协调机制"。自此,互联网金融在国内得到迅速顺利发展。总体而言,我国互联网金融也经历了传统金融行业的线上化,如银行的线上化、券商的线上化及保险公司的线上化。但与西方发达国家相比,我国新型互联网金融的发展却显得后发至上,更加迅猛。如 P2P 网络借贷,截至 2016 年年底,网络借贷累计成交额达到 3.2 万亿元,国内互联网众筹平台超过了 500 家,如点名时间、积木、淘梦网等。根据中国互联网络信息中心 2017 年发布的《第 39 次中国互联网络发展状况统计报告》显示,截至 2016 年 12 月,我国网民规模达到 7.31 亿人,其中网上支付使用率达到 64.9%,网上银行使用率达到 50%,互联网理财使用率达到 13.5%,网民在线下使用手机支付结算的比例达到 50.3%。

与美国相比,国有或国有控股企业占据了中国金融业的市场主导地位,市场竞争不充分,利率尚未完全市场化,银行经营牌照还没有完全放开从而享有政府赋予的特权及相关的垄断利益,银行经营的压力较小。而传统银行考虑到传统金融服务的成本和信用风险问题,倾向于为大型国有经济主体提供融资,而数量规模占据多数的小微企业和个人的正常金融需求得不到满足,成为一个很大的市场空白点,他们对金融服务和资金的需求成为推动互联网金融在中国快速发展和不断创新的基础。中国互联网企业正是看到了上述市场机会,基于自身互联网平台推出了面向小微企业和个人的相应金融服务,从而得到迅速发展,并对传统金融体系带来很大的冲击。但在互联网金融快速发展的过程中,也出现了一些新的问题。如 P2P 网络借贷行业的野蛮生长过程中,因频频出现的企业负责人逃跑及倒闭事件,让人们对该行业的前景产生担忧。非股权众筹平台的项目展示及体验、筛选等方面还存在诸多问题,股权众筹依然徘徊在法律边缘,国内众筹平台还有待完善等。

（1）网络借贷（以下简称网贷）

根据网贷平台数据[①]，截至 2018 年 4 月底，P2P 网贷行业历史累计成交量达到了 69758.04 元，接近 7 万亿元大关；2017 年全年网贷行业累计成交量为 28048.49 亿元，相比 2016 年全年有 35.92% 增速，而 2016 年相比 2015 年全年达到了 110.08% 的增幅，各网贷平台的总体成交量的增速趋缓，综合参考收益率也在逐渐下降并趋于平稳（见图 1-2）。2018 年 4 月，P2P 网贷行业的成交量为 1730.95 亿元，环比 3 月下降 9.64%，同比下降了 23.04%；而网贷行业综合收益率为 9.64%，环比小幅上升 2 个基点（1 个基点 = 0.01%），同比上升 34 个基点；1 月行业总体成交量出现下降，或许与下述两个原因有关。一是受资管新规、备案延期等政策不确定性因素影响。二是部分平台为加快合规进度，收缩了自身业务规模。随着合规进程的持续进行，截至 2018 年 4 月，现有 300 多家已上线的银行存管，累计网贷平台数量 6114 家，正常运营平台数量 1877 家，累计问题平台数量达到了 4237 家。

---

① 网贷之家:网贷行业数据,http://shuju.wdzj.com/industry-list.html,2018 年 5 月。

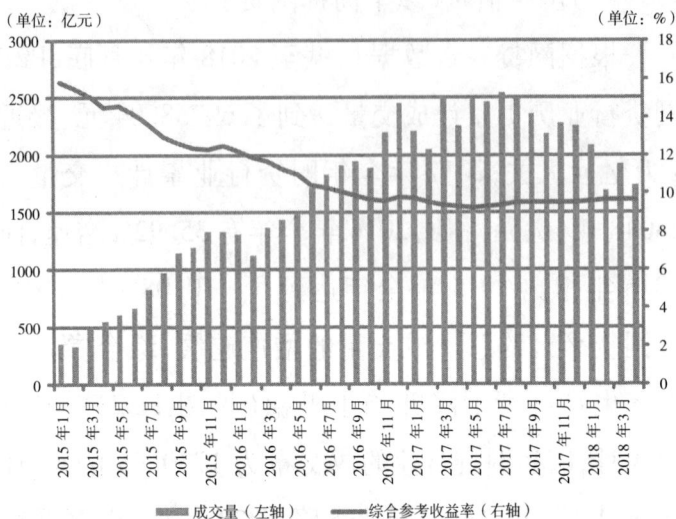

图 1-2　网贷平台成交量及综合收益率发展统计

资料来源:网贷之家:网贷行业数据,http://shuju.wdzj.com/industry-list.html,
2018 年 4 月。

2016 年 8 月,银监会等四部委联合发布《网络借贷信息中介机构业务活动管理暂行办法》(以下简称《暂行办法》),正式明确网贷机构的信息中介角色,并限制了登记备案期限,明确了"小额"的定义。据网贷之家统计,《暂行办法》发布之后的一年内,相关监管政策出台近六十个,包括国务院发布的互联网金融专项整治实施方案、银监会发布的 P2P 备案登记指引和银行存管指引,以及各地方金融办密集出台的相关政策规定等。根据网贷之家、网贷天眼提供的数据统计发现[①]，自 2016 年 8 月 24 日—2017 年 8 月 12 日期间爆出的问题平台共计 1068 家，而对于问题平台，目前大多数投资人的维权没有太多进展或很少立案，其中不乏上市公司背景及国资背景的问题平台，影响较大的问题平台当属绿能宝和妙资金融。

（2）网络众筹

根据零壹研究院的数据[②]，截至 2016 年年末，国内已上线 608 家众筹平台，其中问题平台和已转型平台至少达到 271 家，正常运营平台仅剩下 337 家，这些平台中涉及股权众筹和产品众筹的平台分别有 156 家和 75 家。2016 年，我国互联网众筹整体筹资规模在 220 亿元左右，同比增长超过 90%。虽然通过众筹融资得到增长，但潜在的相关风险逐渐凸显，特别是股权众筹和汽车众筹，这些风险主要表现为政策和市场风险及监管滞后所对应的道德欺诈、信用风险及平台风险等。

鉴于国内众筹领域的监管相对空白，股权众筹

---

① 李冰：《一年来近 60 个网贷监管政策出台 1068 家问题平台接连爆出》，《证券日报》2017 年 8 月 19 日。

② 零壹研究院：《2016 年中国互联网众筹年度报告》，2017 年 2 月。

基本都以私募形式展开。① 如京东金融的股权众筹平台"东家"的运作模式为"领投人（GP）+跟投（LP）"模式。领投人一般为风险投资、创投领域的知名人物，并且有成功投资和退出的经验。按照私募管理办法，项目的股东方不超过 200 人，项目成功融资后，平台按照《融资人信息披露规则》完善融资项目的信息披露，同时接受跟投人的委托，设立有限合伙企业。总体来说，股权众筹目前仍处于发展初期，大机构都在布局初期，尤其以券商和互联网巨头为主。互联网巨头中，奇虎 360、小米、百度等先后在股权众筹上做了布局。

（3）互联网消费金融

根据 BR 互联网金融研究院的报告，目前市场上从事互联网消费金融业务的大致可分为五类：一是银行的消费金融业务的互联网化；二是银监会批准成立的消费金融公司，持有消费金融合法牌照；三是依托互联网平台的消费金融，如蚂蚁金服花呗、借呗的产品，以及与网商银行的合作，腾讯的微信有微

---

① BR 互联网金融研究院：《互联网金融报告 2017》，中国经济出版社 2017 年版。

众银行提供的微粒贷,京东金融有白条等;四是网络借贷平台类型的互联网消费金融公司,如拍拍贷、米么金服,以及趣分期、分期乐等;五是国外称为发薪日贷款(Payday Loan),由放贷人提供小额、短期、无担保贷款,借款人以此维持下一个发薪日前的开销,这部分群体以"80后"和"90后"为主,国内如闪电借贷、现金巴士等。

总体而言,互联网消费金融在2017年迎来了行业爆发期,垂直化的细分场景消费金融平台将会取得较好的发展机遇,例如聚焦于美容、婚庆、旅游等场景的消费金融平台,依托自身场景,做精做细,会是中小型消费金融平台的较好出路。

(4)互联网支付

根据《2016—2022年中国第三方支付行业市场深度分析与投资前景分析报告》[①],2009年以来,第三方支付市场的交易规模以保持50%以上的年均增速迅速扩大。根据易观报告《2017中国第三方支付行业专题分析》[②],得益于理财、网络借贷等互联

---

①　智妍咨询集团:《2016—2022年中国第三方支付行业市场深度分析与投资前景分析报告》,智妍咨询集团,2016年8月。

②　易观:《2017中国第三方支付行业专题分析》,易观,2017年7月。

网金融行业的持续增长,以及个人类业务的规模贡献,从2013年到2016年,中国第三方互联网支付行业仍然保持可观增速,2016年整体交易规模已达到19.1万亿元,预计2017年整体交易规模将保持超过35%的增长速度,达到25.8万亿元规模;中国移动支付发展更为迅猛,年交易量已经从1.3万亿元增长到了35.33万亿元。总体来看,传统行业互联网支付比例继续下降,新兴行业占比超过50%。网络购物、网络游戏、电信缴费等传统行业的互联网支付比例均出现不同程度的下降。

2016年7月1日,中国人民银行《非正式支付机构网络支付业务管理办法》正式生效,核心内容是禁止支付机构为金融机构提供账户及结算服务,同时对第三方支付机构用户的年支付金额做了限制,即余额付款年交易不超过20万元。该管理办法实施不久以后,支付宝、微信支付相继宣布用户账户余额支付不能超过20万元,且对用户收取余额提现收取管理费用。

(5)互联网理财

2013年6月13日上线的阿里巴巴"余额宝",凭借相比传统银行存款更高的收益、更高的流动性和更高的随时取现便利性等优势,吸引了大批网络用户,不到一年的时间便成为国内最大的基金。截至 2017 年 6 月底,余额宝的规模达到了 1.43 万亿元,超过了招商银行 2016 年年底的个人活期和定期存款总额。① 鉴于"余额宝"的示范效应,后续更多电商和互联网企业也相继推出了自己的各种理财服务,如腾讯基于微信平台推出的"理财通"、京东依托电商平台推出的"小金库"等。

但是,进入 2014 年后,基于互联网的各类"宝宝"类货币型理财基金,随着理财资金规模的不断膨胀,消费者理财和投资的选择渠道越来越多的情况下,理财搬家和存款搬家的大规模搬家时常发生,资金的流动性加剧,而互联网理财平台的流动性压力及垫资压力剧增,"余额宝""理财通"等各类大型理财平台对用户的大额资金赎回开始有所限制,而相应的理财收益率也开始下降,相比传统银行理财产品的优势不再特别明显。根据《中国互联网理财行业调查分析及市场前景预测报告(2016—2022

① 薛洪言:《规模破万亿的余额宝对银行是好事》,《商讯(公司金融)》2017 年第 2 期。

年)》①,随着各类互联网理财产品的兴起,"余额宝"自上线以来,其七日年化收益率逐渐走低,自2016年11月23日以来,七日年化收益率首次跌破5%。"屋漏偏逢连夜雨",上述互联网货币理财基金所依托的银行间同业拆借利率也逐渐下滑,银行出于自身利益考虑,对部分产品存款协议到期后新协议利率也开始调低,从而导致互联网货币基金的收益率难以维持高位。尽管如此,用户的理财热情丝毫没有减退。

总体而言,互联网的货币型理财基金因资金门槛低、存取灵活、流动性高、收益率高等特点,对传统金融的活期存款、定期存款、货币基金、银行理财等带来了巨大的冲击。

2. 国外互联网金融发展现状

根据陈勇等编著的《中国互联网金融研究报告(2015)》,西方发达国家的互联网金融发展相较于中国比较早而且成熟,但发达国家的互联网金融并

---

① 智研咨询:《中国互联网理财行业调查分析及市场前景预测报告(2016—2022年)》,智研咨询,2016年4月。

未对传统金融体系和金融服务方式带来较大冲击，如互联网银行（如第一网络银行）、网络证券、网络保险、P2P 网络借贷（如 Zopa，即 Zone of Possible Agreement 的缩写，意为"可能达成协议的地带；Lending Club，国内有的翻译为借贷俱乐部等）、众筹（如 ArtistShare 和 KickStarter 等）及第三方支付（如 PayPal，国内译为贝宝）等。

由于美国的互联网金融发展较早且相对完善，我们首先分析美国的互联网金融发展状况。根据《中国互联网金融研究报告（2015）》[1]，美国互联网金融发展的历程大致分为三个阶段[2]：第一阶段是 20 世纪 90 年代传统金融机构和金融业务的信息化阶段，表现为电子银行特征，主要是传统金融业务建立信息化体系和进行业务流程再造的过程，并将信息系统与互联网技术有机结合，促进了全球性的金融信息化和支付体系及金融体系一体化。第二阶段是 90 年代中后期开始的基于传统业务和互联网融合的创新性业务探索与实践阶段，出现了没有物理

---

① 陈勇、杨定平、宋智一：《中国互联网金融研究报告（2015）》，中国经济出版社 2015 年版。

② 郑联盛、刘亮、徐建军：《互联网金融的现状、模式与风险：基于美国经验的分析》，《金融市场研究》2014 年第 2 期。

实体柜台而纯粹线上的"网络银行"等网络型企业，同时依托互联网技术涌现了网上发行证券、网上售卖保险、网上理财等新的金融业务模式，如期间涌现的美国安全第一网络银行 SFNB（Security First Network Bank）、纯粹网络保险公司 INSWEB、专营网上经纪商 E＊TRADE、罗宾汉（Robinhood）、嘉信理财（Charles Schwab）及易贝（eBay）创立的 PayPal 互联网货币基金等，但这个阶段的互联网金融业务的发展并非一帆风顺，随着 2000 年前后互联网泡沫的破灭，上述互联网金融业务也随之跌入低谷。第三个阶段是进入 21 世纪之后的当前阶段，真正意义上的互联网金融创新业务迅速发展壮大，确立了当前流行的主要互联网金融业务模式。如 2005 年美国成立了第一家 P2P 借贷平台 Prosper（国内翻译为普罗斯珀），2007 年最大的网络借贷平台 Lending Club 也随之成立，2009 年第一家众筹平台 Kickstarter 成立，第三方支付得到迅猛发展。

根据《中国互联网金融研究报告（2015）》提供的资料，下面简要介绍 P2P 网络借贷、网络众筹和第三方支付等互联网金融在国外的发展状况：

（1）P2P 网络借贷

P2P 网络借贷平台最早发源于英国，2005 年成立的 Zopa 是公认的全球首家 P2P 网络借贷平台，专门为有资金需求和有闲置资金的个人及小型企业提供融资匹配和交易撮合。2006 年，美国首个 P2P 借贷平台 Prosper 成立，其经营形式类似于在线拍卖，Prosper 在借款拍卖成功后收取借款人一定比例的手续费。2007 年，美国的 Lending Club 成立，后来居上而成为美国最大的网络借贷平台。

（2）网络众筹

网络众筹业务模式起源于美国，2000—2001 年成立的 ArtistShare 是公认的全球首家众筹网站。经过 ArtistShare 良好的示范运行和发展，2005 年之后大量的网络众筹平台涌现，如 2009 年成立的美国首家众筹网站 Kickstarter，至 2012 年成为全球众筹项目最多和融资规模最大的众筹平台。为了促进众筹的规范发展，2012 年美国出台了《促进创业融资法案》（Jumpstart Our Business Startups Act, JOBS），众筹业务模式逐步合法化和规范化。

（3）第三方支付

1998 年成立的 PayPal 网络服务商是美国目前

最大的网络支付公司,截至 2012 年年底,在跨国交易中超过 90% 的卖家和超过 85% 的买家认可并使用 PayPal 电子支付服务。另外,其他网络公司也推出了第三方支付服务,如 2014 年苹果推出的 Apple Pay(国内译为苹果支付)服务,依托苹果手机强大的市场地位,在移动支付领域占据了可观的市场份额。

但总体而言,由于欧美发达国家的传统金融服务比较完善和规范,市场化程度较高,新兴的互联网金融模式并没有对传统金融行业带来较大冲击。反之,由于中国传统金融服务的竞争尚不充分、市场化程度还不够高且存在大量尚未较好提供金融服务的小微企业及个人需求,互联网金融在中国本土的发展速度、发展规模及对金融市场的影响都远远超过了欧美等发达国家和地区。

第二章　互联网金融风险综合分析

　　本章的结构,首先使用文献元分析与产业数据分析方法,依托产业安全相关理论及层次分析法构建初步的互联网金融产业安全评价指标体系,并以此构建互联网金融产业安全预警系统方案。

　　学术界和产业界多数认为,互联网金融与传统金融在金融的功能和角色定位方面没有本质区别[1][2][3],互联网金融的实质是金融,其基本功能与传统银行及其他金融服务的功能基本相同。但相比较

---

　　[1]　邱冬阳、肖瑶:《互联网金融本质的理性思考》,《新金融》2014年第3期。

　　[2]　陈志武:《互联网金融到底有多新》,《新金融》2014年第4期。

　　[3]　曾刚:《积极关注互联网金融的特点及发展——基于货币金融理论视角》,《银行家》2012年第11期。

75

于传统金融,它又有便捷、高效、成本低廉、快速、门槛低、高收益、覆盖范围广等特点,在某种程度上是对传统金融产业的补充和完善。因此,以往传统金融产业安全的理论发现及大部分指标体系研究依旧适用。如李孟刚[1]对金融产业中银行业、证券业、保险业、信托业和租赁典当业的理论分析和产业现状研究;荆竹翠与李孟刚[2]依据产业安全相关理论对中国金融产业安全进行了不同层次的分析,并提出了相应的评价指标体系等。然而,相较于传统金融形态,互联网金融还有自身的特点与风险,已有大量文献提供了相应的研究结果与观点。如何文虎[3]指出,互联网金融具有信息化与虚拟化、直接性与普惠性、金融服务一体化、高效性与风险性等五个特征,但其风险也存在强传染性、高虚拟性、强时效性、超复杂性等特点。

因此,分析和构建互联网金融产业安全评价指

① 李孟刚:《中国金融产业安全报告(2011—2012)》,社会科学文献出版社 2012 年版。

② 荆竹翠、李孟刚:《中国金融产业安全评价指标体系研究》,《山西财经大学学报》2012 年第 1 期。

③ 何文虎:《我国互联网金融风险监管研究》,《南方金融》2014 年第 10 期。

标体系,不但需要从传统金融的角度进行考虑,还要参考 SCP 理论模型,从产业结构视角,分析互联网的特点与风险特征,综合平衡传统金融与互联网金融的产业结构与关系。在本章节,首先基于文献和风险事件进行元分析,梳理互联网金融整体及各个业务模式的相应风险因素,然后依托产业安全相关理论及传统金融产业安全评价指标体系已有成果,按照层次分析法构建互联网金融产业安全评价指标体系,最后依托该指标体系进一步设计互联网金融产业安全预警系统方案。

一、互联网金融风险元素分析与筛选

1. 互联网金融风险总体分析

安全往往与风险对应,潜在的产业问题和风险会对产业安全带来直接影响,因此首先需要梳理互联网金融相关的产业问题和相关风险。另外,有产业风险,往往有产业监管需求,互联网金融相关监管需求分析的文献也在考察范围之内。因此,本书以关键词"互联网金融""安全""风险""问题""影响"

"监管"等在百度学术(xueshu.baidu.com)和谷歌学术(scholar.google.com)中搜索相关文献。另外,为了完整覆盖互联网金融相关的业务模式,补充"网贷""众筹""互联网理财""虚拟货币"等相关关键词,并尽量挑选进入 CSSCI、SCI/SSCI 检索库的期刊文章,最后共挑选出 56 篇相关互联网金融风险及产业安全的文献。所选文献中,大部分采用定性分析方法,只有少量采用了定量分析方法。根据文献中关注的相关风险和问题因素进行元分析,整理结果见表 2-1 和表 2-2(详细内容参见附录 A)。

表 2-1　互联网金融风险相关文献分类统计　(单位:个)

文献类型	文献数量	搜索关键词
互联网金融大类	37	互联网金融、安全、风险、问题、影响、监管; 网络借贷、众筹、互联网理财、网络支付、第三方支付、虚拟货币
网络借贷	4	
众筹	2	
互联网技术理财	6	
网络虚拟货币	3	
网络支付	3	
互联网技术	1	
总计	56	

表 2-2　互联网金融风险相关文献之风险因素统计

范畴	经营管理风险	技术风险	交易安全	市场风险	资金安全风险	信用风险	法律风险	传统金融负面影响	流动性风险	道德风险	跨境风险	平台风险	合规风险	利率汇率风险	政策风险	系统性风险
IF	13	20	4	6	3	10	20	6	5	1	1	2	5	4	2	1
互联网	1	1														
货币		2	1			1	2	3	1							
理财	1			3		3	2	1		1		2	1	1		1
网贷	1			1		3				1		3				
支付			1				1	2					1			
众筹	1						2	1								
总计	17	26	5	10	3	19	26	12	10	3	1	7	7	6	2	2
占比%	10.9	16.7	3.2	6.4	1.9	12.2	16.7	7.7	6.4	1.9	0.6	4.5	4.5	3.8	1.3	1.3

注:IF 指互联网金融,货币指网络虚拟货币,理财指互联网理财,网贷指网络借贷(如 P2P 网贷),支付指网络支付/第三方支付,众筹指网络众筹;表格内数字是提到相应风险因素的文献个数。

　　由表 2-1 和表 2-2 可以看出,其中有关互联网金融总体的风险论述文章占比较大,有关互联网本身的技术风险文献选取了 1 篇,其余涵盖了互联网金融常见的业务模式,如网络借贷、众筹、互联网理财、网络虚拟货币、网络支付等。其中,提到相关风险文献数量不少于 10 篇的风险包括:技术风险(26 篇)、法律风险(26 篇)、信用风险(19 篇)、经营管理风险(17 篇)、传统金融负面影响(12 篇)、市场风险(10 篇)、流动性风险(10 篇)。互联网金融相关风

险说明如下:

(1)经营管理风险:指互联网金融自身经营管理不善所造成的风险。如风险管理、资金管理、客户管理、运营管理等管理所带来的风险。

(2)技术风险:指互联网技术本身所带来的信息安全、个人隐私及交易数据泄密、黑客攻击及恶意入侵、平台系统运营中断、员工不当操作风险、客户信息安全经验不足等技术性相关风险。

(3)交易安全风险:包括交易环节中断导致的支付、清算风险,由于交易技术缺陷所导致的不可靠交易及交易过程中的泄密及误操作等。本质上可以并入技术风险。

(4)市场风险:指因市场变化所带来的风险,如资金供需双方数量、期限等错配风险,资产价格、利率汇率变化所带来的市场风险等。

(5)资金安全风险:指投资者或消费者的资金托管和取现安全,该风险与互联网金融经营平台的信用、平台合法性、经营管理水平、资金流动性等相关,可以并入其他风险。

(6)信用风险:包括借款人的违约、平台对客户资金违规挪用等信用风险。

（7）法律风险:指互联网金融相关法律和监管制度不健全所带来的法律法规相关的风险。

（8）对传统金融的负面影响:互联网金融理财、网络借贷、众筹等业务模式对传统金融行业所带来的流动性、货币供给、资金价格、传统金融企业经营业绩等方面的负面影响。

（9）流动性风险:指互联网金融业务中资产与负债期限的不匹配可能导致的资金流动性风险,如基金管理未能及时变现基金资产来应对投资者赎回申请的风险。传统商业银行对期限配置和缺口管理专业性更强,而且受存款准备金、风险拨备、资本充足率、存款保险等审慎监管约束,风险缓释空间较大,流动性风险控制良好。但目前互联网金融企业多数不受上述制度约束,实质性流动性风险也就更大。因此,相比传统金融业,互联网金融的流动性风险带来的负面冲击更大、影响面更广、交叉传染更强、传播速度更快。

（10）道德风险:与信用风险类似,包括投资者道德风险(如利用互联网金融平台洗钱)、平台的逐利性道德风险、融资项目造假、创业者/借款人的主观道德风险等。

（11）跨境风险:指通过互联网金融平台进行的

资金跨境流动、非法资产转移等风险。目前,互联网金融平台尚不能经营外汇及对外资产业务,跨境风险还不明显。

(12)平台风险:指互联网金融平台自身经营不善、违规违法运营、信用道德缺失等所带来的风险。

(13)合规风险:指互联网金融机构存在的不具有规范的治理架构和运营机制、开展的金融业务也存在不符合监管规范的要求所带来的合规风险。这与互联网金融进入门槛低、缺乏严格监管及相应的法律和规范有关。

(14)利率汇率风险:指由于资金或外汇的利率或汇率变动所带来的互联网金融的经营风险。本质上属于市场风险。

(15)政策风险:指国家政策变化对互联网金融行业带来的风险。

(16)系统性风险:指整个金融行业乃至宏观经济的萧条、崩溃等系统性风险。该风险是互联网金融风险所导致的最坏结果,不是互联网金融本身的风险影响因素。

从上述分析可知,互联网金融风险总体可归并为平台风险(包含平台违规风险、自身经营管理风险、资金安全风险等）、技术及信息安全风险（包含技术风险、信息安全风险、交易安全风险等）、信用道德风险（包含信用风险和道德风险）、法律及监管风险（包含法律风险、合规风险及政策风险等）、市场风险（包含利率汇率风险）和流动性风险等。

2. 互联网金融各业务模式风险分析

多数研究认为，互联网金融的核心是金融，不仅面临传统金融风险，而且天然拥有由互联网技术所带来的特定风险，如信息安全隐患、风险快速扩散的风险、缺乏相应的监管法规和针对性的法律约束、普惠金融导致广泛参与民众缺乏专业知识的非理性群体风险等。[1][2] 另外，互联网金融还存在经营主体风险、资金安全风险和货币政策风险等。[3][4][5] 互联网

---

① 乔海曙、吕慧敏：《中国互联网金融理论研究最新进展》，《金融论坛》2014 年第 7 期。

② Yan，Gujun，"Risk Types and Risk Amplification of Online Finance"，*Information Technology Journal*，Vol. 12，No. 3，2012.

③ 黄海龙：《基于以电商平台为核心的互联网金融研究》，《上海金融》2013 年第 8 期。

④ 刘越、徐超、于品显：《互联网金融：缘起、风险及其监管》，《社会科学研究》2014 年第 3 期。

⑤ 魏鹏：《中国互联网金融的风险与监管研究》，《金融论坛》2014 年第 7 期。

金融虽然对传统金融服务的不足提供了普惠金融服务的补充和完善,但部分业务模式如网络理财、网络支付等也对传统金融带来了负面冲击,蕴含了较大的风险,对金融稳定会带来一定的负面影响,传统银行既面临着被边缘化的风险,也面临着优势被蚕食的风险,存贷款的分流及影子银行也为中国人民银行的货币政策带来一定影响。①②③

具体到互联网金融的几种业务模式,总体上存在以下风险:

(1)网络支付

侯建强与王喜梅④认为,网络支付改变了传统金融的信息行为,使互联网金融风险受信息摩擦影响更为显著、信息技术风险更加突出;而牛华勇与闵德寅⑤则认为,网络支付不会对国有银行的垄断地

---

① 梁璋、沈凡:《国有商业银行如何应对互联网金融模式带来的挑战》,《新金融》2013 年第 7 期。
② 李炳、赵阳:《互联网金融对宏观经济的影响》,《财经科学》2014年第 8 期。
③ 曾国安、胡斌:《互联网金融对商业银行的影响研究》,《经济纵横》2014 年第 12 期。
④ 侯建强、王喜梅:《支付创新、信息行为与互联网金融风险管理》,《财经科学》2016 年第 10 期。
⑤ 牛华勇、闵德寅:《互联网金融对商业银行的影响机制研究——基于新实证产业组织视角》,《河北经贸大学学报》2015 年第 3 期。

位造成多大影响,但其通过增强中间业务可能会冲击商业银行的中间业务,拉低银行业的市场溢价。另外,由于网络支付缺乏监管,网络支付机构的系列违规操作会导致较高的洗钱风险漏洞,并对金融风险积累埋下隐患。[1]

基于上述网络支付的相关风险分析,在产业安全指标设计方面,需要考虑网络支付的规模比例、技术安全方面的指标要求、相关中间业务与传统金融的中间业务规模比例等。网络支付特别是第三方支付逐年发展快速,已经培养了庞大的用户群并积累了庞大的交易量,也开始引起监管机构的注意。2016年7月中国人民银行发布的《非正式支付机构网络支付业务管理办法》,则对第三方支付机构用户的年支付金额做了限制。

(2)P2P 网络借贷

由于我国互联网金融相关法律法规及监管方面的配套滞后,2018 年之前几年,P2P 网络借贷的蓬勃发展也带来了信息安全问题、网贷平台负责人逃

---

① 苗文龙:《互联网支付:金融风险与监管设计》,《当代财经》2015年第2期。

跑等问题,影响了互联网金融产业的健康发展。[1]总体而言,网贷平台存在平台风险、利率风险、违约风险、信用风险和道德风险。[2][3]

鉴于 P2P 网络借贷风险是由于法律法规及监管滞后导致的,从产业安全角度,需要将其纳入监管,借鉴传统金融的信贷规则设立相应的安全监管指标,如技术安全指标、信息披露、信用评价、自有资金充足率、风险保证金、坏账率、资金第三方监管等,并从整个金融行业角度,适当考虑 P2P 网络借贷的规模比例。2016 年 8 月银监会等四部委联合发布《网络借贷信息中介机构业务活动管理暂行办法》也明确了网贷机构的信息中介角色,提出了相应的监管措施。

(3)网络众筹

陈秀梅与程晗[4]指出,由于众筹融资市场开放程度高、风险危害性大,急需建立与其对应的信用风

---

① 吴浩强:《我国互联网金融产业发展研究》,华中师范大学 2016 年硕士学位论文。

② 董妍:《P2P 网贷平台风险控制研究》,《兰州学刊》2015 年第 4 期。

③ 范超、王磊、解明明:《新经济业态 P2P 网络借贷的风险甄别研究》,《统计研究》2017 年第 2 期。

④ 陈秀梅、程晗:《众筹融资信用风险分析及管理体系构建》,《财经问题研究》2014 年第 12 期。

险管理体系。总体而言,国内众筹在发展过程中还存在法律风险、信用风险、经营风险等。由于现行《中华人民共和国证券法》的限制,股权众筹还存在一定的法律限制,开展范围有限;债券众筹实质上属于网络借贷,而奖励众筹可能面临融资者的创意或创新产品不能兑现的信用风险和经营风险,捐赠众筹也同样面临融资者的信用风险(如虚构项目和公益进行非法诈骗等)。

总体而言,不考虑债券众筹情况下,当前国内股权众筹和捐赠众筹发展规模不大,对金融产业的风险冲击相对不大,整体可控。但也需要以发展的眼光,预见众筹行业发展的潜在风险,提前考虑相关的安全指标。鉴于目前众筹行业的风险主要是法律法规风险、信用风险和经营风险,在安全指标设置方面需要考虑信息披露、众筹发起者的信用评价、众筹平台资质等。

(4)互联网理财

互联网理财又称网络理财,面临的风险既包括传统金融风险,也包括体现互联网特征的风险,如信息安全风险、法律合规风险等。[1] 以"余额宝"类的

---

[1] 刘再杰:《互联网理财风险的本质、特征与防范》,《国际金融》2015年第3期。

货币型基金理财为例,互联网金融理财行业存在互联网平台风险、货币流动性风险、信誉风险、法律法规风险及市场风险等。[1] 根据贺强的政策分析[2],由于银监会对个人存款与机构协议存款的考核口径不同,即个人存款是一般性存款,而基金存款是协议存款,不纳入各项存款考核口径,不能计入商业银行的存贷比指标,因此互联网理财会使银行存贷比指标上升,从而影响银行贷款规模。

鉴于以"余额宝"为首的互联网理财发展规模极为迅速,规模也已经庞大到了不可忽视的地步(2017 年 6 月底,"余额宝"的规模已达到了 1.43 万亿元,超过了招商银行 2016 年年底的个人活期和定期存款总额),而其可与银行活期存款媲美的"T+0"实时赎回功能,在赎回资金增大、流动性加强下,垫资压力剧增,为流动性风险继而系统性风险带来了很大的隐患,而存款搬家式的互联网理财模式,也对传统银行业的一般性存款、存款利率、理财收益及相应的贷款规模都带来了很大的

---

① 李楠:《互联网金融产品风险及监管研究》,《价格月刊》2014 年第 11 期。

② 贺强:《注意防范金融风险　促进互联网金融健康发展》,《价格理论与实践》2014 年第 3 期。

负面影响。因此,互联网理财行业的安全指标,需要参考传统金融理财及存款属性安全监管要求的同时,还要综合平衡其与传统银行业的关系。其中,个人理财规模比例、自有资金充足率、风险保证金、个人理财限额等,可以考虑纳入互联网理财的产业安全评价指标。

（5）互联网虚拟货币

有发行中心和无发行中心的虚拟货币面临的潜在风险存在差异。以 Q 币等游戏币为代表的有发行中心的类法定货币的虚拟货币面临虚拟货币运营商信用风险、通货膨胀风险、技术风险、非法交易、对现实金融体系冲击等风险[1];而以比特币为代表的去中心化的类金属货币（黄金）虚拟货币面临信用风险、技术风险、缺乏法律界定、网络犯罪（如传销与洗钱）等风险。[2] 如果虚拟货币只是在其虚拟社区发行、使用和接受,风险基本可控制在虚拟社区范围内,但虚拟货币逐渐不满足于"虚拟"世界,开始进入现实流通领域,虚拟货币对货币供求则会产生

---

[1]　祁明、肖林:《虚拟货币:运行机制、交易体系与治理策略》,《中国工业经济》2014 年第 4 期。

[2]　李威:《比特币的风险及其监管》,《社会科学家》2015 年第 4 期。

潜在的负面影响。①

　　基于以上虚拟货币的风险分析,虚拟货币行业的安全评价指标,需要考虑技术安全指标、虚拟货币发行规模、虚拟货币的使用范围及比例、虚拟货币交易平台信用资质等。

二、互联网金融安全事件与监管政策法规分析

　　本节主要梳理部分互联网金融行业发展的产业数据、安全事件及国家出台的相关监管规范,以分析及部分检验互联网金融的产业安全因素和指标体系。

1. 互联网金融安全事件

　　2013 年号称"互联网金融元年",之后几年互联网金融业务发展迅猛,无论从用户规模还是涉及金

---

　　①　贾丽平:《网络虚拟货币对货币供求的影响及效应分析》,《国际金融研究》2009 年第 8 期。

额规模都迅速膨胀。但经历了互联网金融行业的野蛮无序增长后,该行业的问题也逐渐显现。据网贷之家不完全统计,在2007—2013年上线的P2P网贷平台有597家,其中,截至2017年6月仍在正常运营的P2P网贷平台仅剩200家,占比为33.5%;问题及停业平台超397家,占比约66.5%。另外,近几年各种网络安全事件频发,给互联网金融的安全健康发展造成了负面影响;仅2015年上半年,金融行业(保险、银行、证券、互联网金融)安全漏洞总量同比增长181.9%,证券行业的安全漏洞增幅更是激增326.7%,金融行业安全漏洞形势不容乐观。[1] 特别是2013年5月由美国国家安全局爱德华·斯诺登引发的"棱镜门"事件,使国家层面的网络安全问题也曝光天下[2];该事件由英国《卫报》和美国《华盛顿邮报》于2013年6月6日报道,美国国家安全局(NSA)和联邦调查局(FBI)于2007年启动了一个代号为"棱镜"的秘密监控项目,直接进入美国网际网路公司的中心服务器里挖掘数据、搜集情报,包括

---

① 漏洞盒子:《2015上半年度金融行业互联网安全报告》,漏洞盒子,www.vulbox.com,2015年7月。

② 侯玉梅、朱向东:《棱镜门事件对我国网络安全的警示》,《计算机安全》2014年第5期。

微软、雅虎、谷歌、苹果等在内的 9 家国际网络巨头皆参与其中。

接下来,对网络安全、网络支付、网贷、众筹、互联网理财及虚拟货币等相关的部分安全事件进行梳理,参照文献元分析的搜索关键词,使用互联网搜索工具搜索互联网金融相关安全的新闻事件,对部分结果进行整理。

(1)网络技术安全

由于互联网技术的开放性和全球互联互通性,自其诞生起就一直面临着网络安全性问题,如病毒的侵袭、黑客的非法闯入、数据窃听和拦截、拒绝服务攻击等。互联网金融的业务信息系统和面向客户的软件平台运行在开放的互联网络中,其运行的操作系统平台(如 Windows、Linux 和 Unix 操作系统等)自身存在一定的系统缺陷和漏洞,用户的操作环境也在开放的互联网环境中,而金融业务自身具有很强的资金安全与隐私敏感性,使互联网金融的网络技术安全问题变得更加突出。

2015 年 10 月,有网友反映自己在 2010 年完成了身份证信息、银行卡信息认证的支付宝实名账户,在不知情的情况下多出了 5 个未知账户。而该事件曝光后,不少用户也反映遇到此类问题。支付宝方面给出的回应是:支付宝实名认证,一贯需要通过身份证、银行卡等多重信息的验证。如果发现支付宝实名认证账户下出现其他关联账户,是因为账户持有人存在自身身份证等个人隐私信息泄露的情况,导致被关联认证。虽然支付宝方面声称自身系统安全性很高,但用户的操作环境是在开放的互联网并且多数用户对网络安全知之甚少,用户个人隐私信息难免存在网络泄露或被盗的风险,虽然该事件没有产生严重后果,但也为网络安全与金融风险敲响了警钟。京东方面也在 2016 年被爆料疑似大量京东用户数据外泄,有 12G 的数据包之多,包括用户名、密码、邮箱、QQ 号、电话号码、身份证等多个维度数据,数量多达数千万条。

2016 年 10 月,据外媒报道,各大美国热门网站某天都出现了无法访问的情况,根据用户反馈,包括 Twitter(国内译为推特)、Spotify、Netflix(中文名网飞)、Github、Airbnb(中文名爱彼迎)、Visa(国内译为维萨)、CNN(Cable News Network,美国有线电视新闻网,简称 CNN)、《华尔街日报》等上百家网站都无法访问、登录。此次"断网"事件是由于美国最主要的 DNS(Domain Name System,即域名系统)服务商 Dyn 遭遇了大规模 DDoS 攻击(即 Distributed Denial of Service,分布式拒绝服务攻击,其攻击方式相当的简单粗暴,通过堆砌大量的垃圾数据,使得用户的正常登录被"堵塞")所致。媒体将此次事件形容为"史上最严重 DDoS 攻击",不仅规模惊人,而且对人们生活产生了严重影响。同年 8 月,国际比特币交易所 Bitfinex(世界上规模最大的加密数字货币交易平台)也出现了安全漏洞,导致一些用户多达 119756 比特币被盗,总价值约为 7500 万美元,使得比特币交易所 Bitfinex 随之暂时停止了 Bitfinex 的所有交易,也暂停了充币提币等业务。2016 年 6 月 17 日,众筹项目 The DAO 由于其智能合约中存在的漏洞而受到黑客攻击,导致价值达 6000 万美元的 360 多万以太币被劫持,并引起业内广泛关注。国内方面,自 2014 年 3 月 16 日起至今,网贷之家官网持续多日受到黑客的严重恶意攻击。其中,包括数万 IP 的 CC 攻击,持续十分钟 30G/s 的流量攻击,半天过十亿次的连续攻击。网贷之家负责人表示,以前也受到过黑客攻击,但是此次攻击强度空前、手段多变,导致网站时常无法正常访问;另外,支付宝和财付通的系统平台也曾爆出过短时间内不能正常登录使用的网络故障问题。

（2）网络支付

既然互联网金融面临着不可忽视的网络安全问题，而第三方支付、移动支付等活动都是在开放的网络环境下进行的，自然需要面对相应的网络安全问题，如信息泄露、账户资金被盗刷、支付系统断网导致的服务中断等，另外网络支付还面临着服务提供商的违规服务等风险。

网络支付安全方面，虽然翼支付公司宣称翼支付风险率不到百万分之一，但 2015 年仍然有不少"翼支付的用户"因使用"翼支付"捆绑了银行卡，导致银行卡资金遭盗刷，自称"资金受损"的用户来自全国各地，而"盗刷"金额，则从数百元到 5000 元不等。2016 年 12 月，网上曝光了通过汽车 ETC 速通联名卡的闪付免密免签功能被隔空盗刷的问题，后被交通部停止办理闪付免密免签功能。2015 年 5 月 27 日，拥有将近 3 亿活跃用户的支付宝出现了大面积访问故障，全国多省市支付宝用户出现手机和电脑支付宝无法登录、余额错误等问题。故障发生后，用户普遍担心账户资金安全问题，也有用户反映出现账户余额不同步的现象。

网络支付违规服务方面,2016 年至 2017 年年底,央行针对第三方支付机构已经开出多张罚单,部分罚单达到百万级甚至千万级。如人民银行营业管理部对易宝支付开出罚款加没收违法所得合计5295 万元的千万级罚单,央行广州分行公布了一则易联支付有限公司行政处罚公示,罚款超过 60 万元。同时,央行上海分行也公示了三则行政处罚公示信息,三家分别被处以 2 万元、6 万元、4 万元人民币罚款。不到 20 天的时间上海分行对第三方支付公司已经开了 8 张罚单。

(3)P2P 网络借贷

虽然 P2P 网络借贷平台为借贷双方提供了直接融通资金的低成本便捷通道,双方信息在网上公示也提升了一定的信息透明性,降低了信息不对称所带来的不确定性,但是出于成本考虑,网贷平台不可能对每笔借贷项目进行详尽的线下调查,导致借贷项目的质量和还贷能力参差不齐,为信贷违约埋下了安全隐患。再加上早期互联网金融的监管不到位,网贷平台自身还存在虚拟借贷项目及其他违规运营的可能,因此网络借贷还面临着平台自身欺诈、借贷资金挪用及老板逃跑等潜在风险。

　　2015年，平安陆金所(全称上海陆家嘴国际金融资产交易市场股份有限公司,平安集团旗下成员,简称陆金所)先是3月被曝2.5亿元逾期坏账。据当时的媒体报道称,该次坏账主要是陆金所旗下的保理公司"平安国际商业保理"近4亿元借款出现问题,其中与陕西金紫阳集团的2.5亿元借款已到期,不得不启用资金池偿还投资人本息;接着在6月30日陆金所旗下的稳盈—安e又被曝逾期。广东本土著名的互联网金融机构红岭创投发放1亿元借款给金山联等广州4家纸张贸易商,因行业困境及经营不善,其老板集体"失联",红岭创投面临极大坏账风险。上述4个借款项目被拆分为14个标,本金总和为1亿元,本息共计1.0531亿元,涉及投资人数4567人,人均投资金额为2.19万元。2015年8月22日,宜信公司近日被指公然伪造合同、泄露客户资料等问题。

　　根据中国互联网金融协会互金登记披露服务平台(简称互金协会信批系统),截至2017年8月30日,信批系统共接入82家互联网金融平台,其中有33家平台的项目以及金额均出现逾期,占接入信批系统平台数量的 40.2%。2017 年 7 月,深圳市钱诚互联网金融研究院(第一网贷)发布的第一批互联网金融风险预警名单,近 900 家互联网金融平台入围,名单中大多数平台具有数据自相矛盾、收益率畸高、网站粗糙、地址造假等特征,其名称多冠以××财富、××投资、××理财、××资本等。以名单中的印子坊为例,它是深圳的一家网贷平台,于 2014 年 5 月 18 日上线,由深圳市中云金融服务有限公司运营;2015 年 6 月 26 日,印子坊所属公司深圳市中云金融服务有限公司在前海股权交易中心正式挂牌,同年 7 月加入了山寨的"中国互联网金融行业协会",但成立以来曾三次被列为经营异常,列出的异常问题包括经营场所和实际办公地址异常、平台的参与人数异常、客服热线根本无法打通等。

(4)网络众筹

网络众筹与网络借贷的风险问题类似,由于早期政策滞后及监管不到位,众筹项目及众筹平台存在众筹项目虚假包装和平台违规运营等潜在风险。

据新华网报道,2015 年 11 月,因涉嫌以"原始股"非法股权众筹集资,非法融资 2 亿多元并涉及上千名投资者,上海优索环保科技发展有限公司原法人代表段国帅被依法批捕;该公司利用其在上海某地方股权交易市场挂牌的身份,对外宣称为"上市公司",并且宣布公司将定向发行"原始股",使得一大批投资人误以为这是一家潜在的"绩优股"企业而选择投资。2016 年 2 月 29 日,广州市中级人民法院对广东"邦家"集资诈骗案 24 名被告人作出一审宣判,其中蒋洪伟被认定为主犯,以集资诈骗罪判处无期徒刑;2002 年 12 月至 2012 年 5 月,"邦家"打着"中国租赁业领军者""商海弄潮儿"的幌子,布下投资陷阱,行骗大江南北 16 省市、集资诈骗金额高达 99.5 亿多元、受害人数多达 23 万余人,使得众多中老年人被骗得血本无归。2016 年 6 月,36氪股权投资平台(创办于 2010 年 12 月,专注科技创投领域,内部又称"股权众筹平台")被爆出其股权众筹项目"宏力能源"存在虚假包装和投资欺诈问题;即众筹之后"宏力能源"发布的财报各项数据与2015 年年末启动定增时的数据差异巨大,引发了参与定增投资者们的剧烈反弹;而该项目也不是 36 氪众筹平台上爆发的第一个问题项目,在投资人群体中,呼吁退款的项目时有发生,半途而废的众筹项目也时有发生。在个人公益众筹方面也时常有造假欺诈事件发生,如2016年10月,一名乳腺癌患者的子女称,家中为母亲治病几乎花光了所有积蓄,而医生告知后续治疗每月需五六万元,因此在知名众筹平台——"轻松筹"上推出30万元众筹项目,并很快筹到逾2万元;而接诊医院的相应工作人员却表示筹款项目描述不符合事实,后多方确认该项目信息描述不实,众筹平台也没有尽到尽职检查的责任。

2016年3月,影片《叶问3》被指存在非正常时间虚假排场的现象;新华社消息称,该片被查实的场次有7600余场、涉及票房3200万元;同时总票房中含有部分自购票房,发行方认可的金额为5600万元;究其原因,是发行方大银幕(北京)发行控股有限公司(以下简称大银幕)系上海快鹿旗下公司,而快鹿旗下多只P2P、基金公司在影片发行前通过P2P、众筹平台等渠道包装成了互联网金融产品及各种衍生交易,把P2P、众筹、股市、基金联系到了一起,从普通用户的口袋里掏出了大把的钞票,包括趣逗理财、当天投资、菜苗网络(均为上海快鹿实际控制公司)等,仅在苏宁众筹平台上就超过4000万元,年化收益率为8%;上海快鹿还实际控制了两家上市公司,A 股的神开股份和港股的十方控股,这两家上市公司在《叶问 3》上映前先后以保底发行的名义对外公告投入了总计 1.6 亿元的资金。而一损俱损,票房造假引发连锁效应,快鹿集团随即陷入兑付危机。

(5)网络理财

中国部分网络借贷平台将网络借贷项目包装为理财项目供消费者投资,而网络借贷本身就有前述的项目虚假包装、借贷延期或违约、平台欺诈等风险,这类网络理财自然也面临类似的风险问题。另外,网络理财中的货币型基金理财、股票型基金理财、融资租赁等其他投资型理财,也可能由于理财投资对象自身的风险而面临同样的风险,并且投资标的与赎回的期限错配也会造成一定的流动性风险。

2015 年 12 月,中国"e 租宝"网络借贷平台被查封,平台实际控制人钰诚集团董事会执行局主席丁宁,涉嫌集资诈骗、非法吸收公众存款、非法持有枪支罪及其他犯罪被抓捕归案,与此案相关的一批犯罪嫌疑人也被各地检察机关批准逮捕。"e 租宝"自2014 年 7 月上线运行一年半内,以高额利息为诱饵,虚构融资租赁项目,持续采用借新还旧、自我担保等方式大量非法吸收公众资金,累计交易发生额达 700 多亿元,实际非法吸收资金 500 多亿元,受害投资人遍布全国 31 个省(自治区、直辖市),涉及投资人约 90 万名,影响极为恶劣。当年震惊全国的网络理财风险事件还有昆明泛亚有色金属交易所。2015 年 7 月,昆明泛亚交易所被爆出部分产品出现集中赎回问题,资金链断裂,涉及全国 20 个省份,22 万名投资者,总金额达 400 亿元;上述安全事件发生的关键在于其旗下金融产品日金宝,它是基于泛亚有色金属交易所供应链体系的一款互联网金融产品,委托方为有色金属货物的购买方,受托方为"日金宝"的投资者,即一名投资者购买了"日金宝",其实质是为有色金属货物的购买者(委托方)垫付货款,委托方按日给受托方支付一定的利息;但这种模式可以预见的风险包括:交易所倒闭的风险、资金安全风险、操作失误风险、资金离场风险、价格波动风险等,而资金离场与价格波动是这次兑付风险的导火线。

网络理财中的货币型基金方面,同样也时常爆出风险安全问题。2015 年第二季度,曾经无限风光的"余额宝"遭遇了大量赎回,其第二季度"余额宝"的规模为 6133.8 亿元,较第一季度的 7117 亿元少了近 1000 亿元,规模减少近 14%。根据中国基金业协会数据显示,截至 2017 年 6 月底,325 只货币基金累计资产净值为 51056.69 亿元,占 10 万亿元公募资产的比重逾 50%。而在 2013 年以前,货币基金规模仅在 1 万亿元左右。作为几乎无风险的货币基金,普通投资者基本上将其与存款画等号。因此,从银行流出的存款不断壮大了货币基金的队伍,如果银行没有这方面的存款流失,银行获利将超过千亿元。然而,随着互联网货币型基金产品供应的不断增多,其收益率也随之下降,投资者趋利避害之下,可能会出现大量的存款搬家或基金产品搬家,极端情况下可能出现货币型基金大规模赎回瘦身并产生流动性危机。如 2015 年 10 月,随着股市回暖,此前蛰伏在场内货币基金上等待机会的投资者,纷纷将资金转入股票市场,但部分投资者遭遇到了赎回难题,有用户反映招商保证金快线货币基金遭遇无法赎回的情况;而这种问题此前曾多次报道,如 2013 年,某场内货币基金屡屡发生早间交易时段不能赎回的现象。

(6)互联网虚拟货币

以 Q 币等游戏币为代表的有发行中心的类法

定货币的虚拟货币,只是在网络游戏虚拟社区用来购买各种虚拟产品或相关增值服务,使用和交易范围受限,金融风险基本可控;而以比特币(BitCoin)为代表的去中心化的类金属货币的虚拟货币,发行和交易不受中央银行或政府等机构控制,没有实际产品和国家信用背书,随着其交易规模和使用范围的不断扩大,特别是交易市场脱离实物的不断炒作,势必面临巨大的政策风险和市场风险;另外,虚拟货币在开放网络环境中的市场活动也必然面临网络安全的威胁。

借虚拟货币和区块链热潮,ICO(Initial Coin Offering,本质上也是一种"公开发行",只是把所发行的标的物由证券变成了数字加密货币)顺势兴起并火爆异常。据国家互联网金融安全技术专家委员会发布的《2017上半年国内 ICO 发展情况报告》,2017 年上半年国内已完成的 ICO 项目共计 65 个,累计融资规模 26.16 亿元,累计参与人次达 10.5 万;而全球 ICO 融资额达 13 亿美元,大幅超过全年水平。2017 年 9 月 4 日,中国人民银行等 7 部委发布《关于防范代币发行融资风险的公告》(以下简称《公告》),明确指出代币发行融资本质上是一种未经批准非法公开融资的行为,涉嫌非法发售代币票券、非法发行证券以及非法集资、金融诈骗、传销等违法犯罪活动。并要求自公告发布之日起,各类代币发行融资活动应当立即停止,已完成代币发行融资的组织和个人应当作出清退等安排。而随着近期中国监管部门对 ICO 的全面摸排,全球主要虚拟货币全线跳水。三天之内,比特币从 32500 元人民币的高位跌至 27000 元左右,跌幅达到 17%;以太币的跌幅则达 25%。监管一纸禁令,刺破了泡沫日益膨胀的 ICO,多数参与投资或投机的用户损失惨重。2015 年以来,宣扬着高月息的"金融互助社区"在各类网络上逐渐蹿红;然而,2017 年 1 月,银监会、工业和信息化部、人民银行、工商总局提示:"MMM 金融互助社区"等打着"金融互助"旗号的网络投资平台以高额收益为诱饵,通过网站、微博、微信等多种渠道公开宣传,承诺畸高利息,引诱群众投入资金,扰乱金融市场秩序,损害社会公众利益,具有极大风险隐患;而这种借新还旧的旁氏骗局,注定导致大多数投资者血本无归。而起源于 20 世纪 90 年代俄罗斯的 MMM 金融金字塔,也在 1997 年崩塌,导致上百万人上当受骗,血本无归。

　　由于互联网虚拟货币是数字货币,以数字方式在网络中存储,同样面临着网络风险,如黑客攻击、窃取和资料泄露等。如 2011 年 7 月,世界第三大比特币交易中心 Bitomat 的运营商宣布:记录着 17000 比特币(约合 22 万美元)的 wallet.dat 文件的访问权限丢失。同时,宣布决定出售服务以弥补用户损失;2011 年 8 月,作为常用比特币交易的处理中心之一的 MyBitcoin 宣布遭到黑客攻击,并导致关机;涉及客户存款的 49%,超过 78000 比特币(当时约相当于80 万美元)下落不明。2017 年 7 月 21 日,以太坊初创公司具体约有 15.3 万枚以太币被黑客盗走,其中4.4 万枚盗至贸易平台 Swarm City,按当天的价格计算,盗走的以太币价值高达 3260 万美元。

　　网络上搜索的互联网金融相关安全事件,部分统计结果见表 2-3,事件详情及来源参考附录 B。由表 2-3 可以看出,互联网金融在快速发展的同时,由于进入门槛低、相关法律法规滞后、监管不到位、网络安全技术不周密等问题,导致相关的安全风险事件频发。无论是基于互联网的理财、借贷、支付、虚拟货币还是众筹,都面临着网络技术安全风险、系统漏洞及技术操作风险、信用道德风险及违规风险等,其中网络融资类的互联网金融如众筹、网贷、理财等还存在大量欺诈、违规及信用管理风险。总体而言,实践中发生的这些风险与前述文献分析总结的基本一致。

表2-3　互联网金融部分安全事件整理统计

事件类型	事件个数	反映的安全因素
网络技术完全	11	隐私泄露,断网,停止服务,授权漏洞,系统操作风险,黑客攻击,安全漏洞,系统漏洞,技术风险,信息泄露,木马病毒,网络欺诈
网络支付	5	信息泄露,资金安全,交易风险,技术风险,系统漏洞,合规风险,网络故障,中断服务
P2P 网络借贷	5	经营风险,操作风险,信用风险,平台风险,资金风险
网络众筹	5	信用风险,道德风险,资金风险,平台风险,法律风险,信用风险,非法集资,经营风险
网络理财	5	平台风险,信用风险,资金风险,传统银行负面影响,流动性风险
虚拟货币	5	政策风险,平台风险,信用风险,道德风险,法律风险,网络安全,经营管理风险,黑客攻击,信息安全,系统漏洞

2. 中国互联网金融监管规范

鉴于互联网金融发展中暴露或发生的安全风险和社会事件,在互联网金融经过 2007 年至 2015 年的萌芽和快速发展阶段之后,进入 2016 年,中国互联网金融开始进入规范发展阶段,监管规范和条例、监管框架和层次越发完善,为未来互联网金融的合规健康发展定下了基调。2016 年 3 月 25 日,中国互联网金融协会在上海正式挂牌成立,并正式发布《中国互联网金融协会会员自律公约》,迈出了国内互联网金融领域自律发展的重要一步。该协会是经党中央、国务院同意,由中国人民银行会同银监会、证监会、保监会等金融监管部门建立的国家级互联网金融行业自律组织。首批 437 名会员名单中,银行机构占 84 名,证券、基金、期货公司占 44 名,保险公司占 17 名,其他互联网金融新兴企业及研究、服务机构占 292 名,网络借贷领域首批会员不足 40 家。根据 BR 互联网金融研究院(博鳌观察传媒旗下的智库机构)发布的《互联网金融报告 2017》①、易观国际发布的《2017 中国第三方支付行业专题分析》②及其他相关资料,近几年,中央政府及各监管部门陆续发布了互联网金融领域的相关监管办法、

---

① BR 互联网金融研究院:《互联网金融报告 2017》,中国经济出版社 2017 年版。

② 易观:《2017 中国第三方支付行业专题分析》,2017 年 7 月。

指导意见及相关条例。

（1）互联网金融大类

2015 年 7 月，中国人民银行等十部委联合印发了《关于促进互联网金融健康发展的指导意见》（以下简称《指导意见》），从国家战略层面肯定了互联网金融的积极意义，并科学合理界定各业态的业务边界及对应监管部门。《指导意见》指出互联网金融的本质仍属金融，同样具有金融风险的隐蔽性、传染性、广泛性和突发性；互联网金融的主要业态包括互联网支付、网络借贷、股权众筹融资、互联网基金销售、互联网保险、互联网信托和互联网消费金融等；另外，还提出部分监管指导意见，如明确了 P2P 平台信息中介的本质，禁止提供增信服务和非法集资；提出了适度宽松的监管政策和原则；肯定了行业自律的作用，并对客户资金进行第三方存管制度，实施行业规范。

2016 年 10 月 13 日，国务院办公厅发布《国务院办公厅关于印发互联网金融风险专项整治工作实施方案通知》（以下简称专项整治）。专项整治的业态包括网络投资理财、互联网支付、网络借贷、股权众筹融资、互联网基金销售、互联网保险、互联网信

托和互联网消费金融等,而整治重点在于网络借贷、互联网理财等领域,特别是以金融创新为名从事线下理财业务的公司;另外,专项整治并明确了各个部门的监管责任。

鉴于互联网具有开放、虚拟无国界、扩散快速、覆盖范围广等特点,随着网络的快速发展,存在的网络安全问题也是接踵而来:网络入侵、网络攻击等非法活动威胁信息安全;非法获取公民信息、侵犯知识产权、损害公民合法利益;宣扬恐怖主义、极端主义,严重危害国家安全和社会公共利益所带来的信息安全、技术安全等问题。2016 年 11 月 7 日,全国人大常委会第二十四次会议通过了《中华人民共和国网络安全法》,明确了国家采取措施,监测、防御、处置来源于中华人民共和国境内外的网络安全风险和威胁,保护关键信息基础设施免受攻击、侵入、干扰和破坏,依法惩治网络违法犯罪活动,维护网络空间安全和秩序;要求网络运营者开展经营和服务活动,必须遵守法律、行政法规,尊重社会公德,遵守商业道德,诚实信用,履行网络安全保护义务,接受政府和社会的监督,承担社会责任;并由国家建立和完善网络安全标准体系,实行网络安全等级保护制度,要求网络产品、服务应当符合相关国家标准的强制性要求等。网络安全法明确了网络空间主权的原则、网络产品和服务提供者的安全义务和网络运营者的安全义务,完善了个人信息保护规则,建立了关键信息基础设施安全保护制度,并在网络运行安全、网络信息安全、监测预警与应急处置及法律责任等方面给出了明确的规定。

(2)网络支付

早在2004年,《电子签名法》就为互联网支付提供了早期的法律参考。2005年中国人民银行发布《电子支付指引》,规定"电子支付账户必须是在银行开立的支付结算账户",为第三方支付机构设定了部分限制,随后出台了《支付清算组织管理办法》;在2010年6月《非金融机构支付服务管理办法》出台后,第三方支付平台开始有了较为明确的法律规范,要求获得《支付业务许可证》的非金融机构才能经营支付业务。后续出台的《非金融机构支付服务管理办法实施细则》及《支付机构客户备付金存管暂行办法》(2013),明确了互联网支付、第三方支付等新兴支付机构的法律地位,明确规定支付机构不得挪用备付金,支付机构沉淀资金所产生的

利息在计提 10% 的风险准备金后,其余部分归第三方支付机构所有。后来在 2016 年 10 月的《互联网金融风险专项整治工作实施方案》中,又明确非银行支付机构备付金账户计付利息归人民银行或商业银行所有,同时禁止非银行支付机构联结多家银行系统。

2014 年 3 月,央行下发紧急文件《中国人民银行支付结算司关于暂停支付宝公司线下条码(二维码)支付等业务意见的函》,叫停了腾讯、支付宝的虚拟信用卡产品及条码支付等面对面支付服务。2014 年 4 月,中国银监会与中国人民银行联合发布了《关于加强商业银行与第三方支付机构合作业务管理的通知》,规定银行不得与安全保障能力弱的第三方支付机构合作,第三方支付机构不得越界访问银行网络,在银行和第三方支付机构之间筑起了"防火墙"。2015 年 12 月,央行又出台了《非银行支付机构网络支付业务管理办法》,明确了支付账户实名制和账户分类管理制,同时对风险管理、客户权益保护、法律责任划分作出了详细规定。2016 年 8 月,支付清算协会向支付机构下发了《条码支付业务规范(征求意见稿)》,不再禁止条码(二维码)支付业务。

2016 年 7 月 1 日,中国人民银行《非银行支付机构网络支付业务管理办法》正式生效,核心内容是禁止支付机构为金融类机构提供账户及结算服务,同时对第三方支付机构用户的年支付金额做了限制,即个人余额付款年交易不得超过 20 万元。

中国人民银行对第三方支付监管的总体思路是让支付机构回到小额便民的支付业务上,如打击第三方支付间接跨行清算业务,要求银行不得给支付机构的备付金结算利息,避免出现洗钱的漏洞。在具体做法上,央行设立网联,让所有支付机构接入网联的通道,而不能再与银行直连,这也是提升支付公司合规、回归支付本质的重要管理办法。

(3)P2P 网络借贷

2015 年 8 月,中国最高人民法院出台《关于审理民间借贷案件适用法律若干问题的规定》,肯定了网络借贷合同签订的借贷合同的有效性及生效时间,明确了利息支付问题,完善了纠纷案件的审理程序。

2016 年 8 月 24 日,银监会联合工信部、公安部、国家互联网信息办公室发布了《网络借贷信息

中介机构业务活动管理暂行办法》（以下简称《网络借贷办法》）。该办法对网络借贷平台、司法界、媒体等提出的问题做了解读，如业务范畴、限额、电信业务许可、金融办备案、债权转让等，明确了 P2P 网络借贷的业务范围是为个体与个体之间通过互联网平台实现的直接借贷，明确禁止了网络借贷平台关联方融资、担保、保本保息承诺及发售银行理财产品等行为，规定网贷平台有义务完善信息披露制度、实行资金第三方存管制度，贷款金额限制为小额并且借贷双方需进行实名注册。① 《网络借贷办法》有助于减少网贷平台自融、自设资金池、违规放贷等行为，银行存管、资本金、信息技术等要求也有助于删除一些资质不够的小平台，并有效规避"资产证券化"及网贷金额较大的问题。2016 年的《互联网金融风险专项整治工作实施方案》，也命令禁止未经批准的 P2P 网络借贷平台进行债券转让，并规定未获批准的机构不得利用 P2P 网络借贷平台和股权众筹融资平台从事房地产金融业务。

截至 2016 年 8 月 12 日，已有 60 余家 P2P 网络

---

① 郝杰：《告别野蛮生长——2016 互联网大事记》，《中国经济信息》2017 年第 3 期。

借贷平台完成了银行存管。

（4）网络众筹

由于债权众筹属于网络借贷范畴,已有对应监管政策和管理办法,这里主要梳理股权众筹的相关监管政策。

2014 年发布的《私募股权众筹融资管理办法（试行）》,要求股权众筹融资不得公开宣传,只能向平台实名注册用户发行产品,累计投资者数量不得超过 200 人,并且规定股权融资平台不得兼营网络借贷业务。2015 年 7 月,中国人民银行联合十部委发布《关于促进互联网金融健康发展的指导意见》,将股权众筹界定为"通过互联网形式进行公开小额股权融资的活动";同年 7 月,证券业协会出台《场外证券业务备案管理办法》又将"私募股权众筹"划入"场外证券业务";在紧接着同年 8 月出台的《关于对通过互联网开展股权融资活动的机构进行专项检查的通知》中,正式将"股权众筹融资"修改为"互联网非公开股权众筹融资",进一步区分了"非公开股权融资""私募股权投资基金募集"与"股权众筹融资"。同年 9 月发布的《关于加快构建大众创业万众创新支撑平台的指导意见》又提出要开展股权众筹融资试点工作,肯定了股权众筹融资平台的作用。

2016年10月的《互联网金融风险专项整治工作实施方案》要求股权众筹融资平台不得"自筹",未经批准不得开展资产管理、债权或股权转让业务,强调了第三方存管的必要性;之后,证监会等部门据此发布了《股权众筹风险专项整治工作实施方案》,对"股权众筹"的违法违规行为进行了更详细的界定,如"股权众筹"平台未经批准不得擅自公开发行或者变相发行股票等,并用负面清单的方式,遏制股权众筹融资行为中严重侵犯消费者权益的行为。

(5)互联网理财

鉴于部分互联网金融平台将部分网络借贷和债权众筹包装为理财业务,而这部分已经有相应的监管政策,这里主要梳理基金型理财相关监管政策和法规。

传统基金的法律法规包括《证券投资基金销售管理办法》《中华人民共和国证券法》《中华人民共和国证券投资基金法》等。随着互联网基金销售的兴起,国家于2013年出台了《证券投资基金销售机构通过第三方支付电子商务平台开展业务管理暂行规定》,指出只有满足一定资质条件的第三方电子商务平台才能与基金公司进行合作,并需要到证监会审核备案、接受监督,另外还规定了金融消费者权益的保护办法。2015 年股市异常波动,公募投资基金曾多次出现风险事件。2015 年 6 月 15 日至 7 月 8 日,上证综指下跌 32%,大量获利盘回吐,各类杠杆资金加速离场,公募基金遭遇巨额赎回,期现货市场交互下跌,市场频现千股跌停、千股停牌,整个 7 月,公募基金份额缩水近万亿份。而 2016 年年底爆发的流动性危机,机构投资者大举卖出货币基金份额造成其集体暴跌,也让监管层坚定了整顿公募基金的决心。2017 年 9 月 1 日,证监会正式发布《公开募集开放式证券投资基金流动性风险管理规定》(以下简称《管理规定》),自 10 月 1 日起正式实施。《管理规定》共 10 章 41 条,主要内容涵盖基金管理人内控制度等业务环节的规范,并针对货币市场基金的流动性风险管控作出专门规定,对基金管理人做好流动性风险管控工作提出底线要求;并规定基金管理人新设货币市场基金,拟允许单一投资者持有基金份额比例超过基金总份额 50%。而在市场上,此类基金为集中度非受限基金,只能封闭运作或定期开放运作(定期开放周期

不得低于 3 个月）并采取发起式基金形式，不得向个人发售。此前俗称的以保险和银行投资人为主的委外定制化公募，仍然可以用此种方式发行。但是，《管理规定》对其净值算法和投资方向做了限制。这类货币基金不能采用摊余成本法，且要求 80%以上资产配置利率债、现金和 5 个交易日内到期的金融工具。此外，前十大投资者超过 50%，平均剩余期限不超过 60 天（正常为 120 天），平均剩余存续期限为 120 天。5 个交易日内到期高流动性资产不低于 30%。如果该比例不达标且低于 10%，且存在负偏离，1%以上的赎回需要惩罚性征收 1%的赎回费。

针对规模日益庞大的货币型基金，如阿里巴巴的"余额宝"、腾讯的"财付通"等，2015 年年底，中国证监会和中国人民银行发布了《货币市场基金监督管理办法》，调整了货币市场基金可投资的范围，对影子定价与摊余成本法计算的基金资产净值的偏离度进行明确规定，要求货币市场基金投资组合的平均剩余期限不超过 120 天并保持足够比例的流动性资产，从而避免了基金管理人因盲目追求收益而投资风险过大的项目，也提高了货币基金销售机构在应对大规模赎回时的应对能力,降低了流动性风险发生的可能性。2018年5月,为促进各基金管理人、基金销售机构依法合规开展货币市场基金互联网销售业务,审慎提供赎回相关服务,保护投资者合法权益,中国证监会、中国人民银行联合发布了《关于进一步规范货币市场基金互联网销售、赎回相关服务的指导意见》,并于2018年6月1日起实施。该指导意见要求基金管理人、基金销售机构独立或者与互联网机构等合作开展货币市场基金互联网销售业务时,对单个投资者在单个销售渠道持有的单只货币市场基金单个自然日的"T+0赎回提现业务"提现金额设定不高于1万元的上限,不得向投资者提供以其持有的货币市场基金份额进行消费、转账等业务的增值服务,不得为货币市场基金提供"T+0赎回提现业务"垫支等。

(6)互联网虚拟货币

传统法定货币的法律方面,《中国人民银行法》和《人民币管理条例》规定,任何单位和个人不得印制、发售代币票券,以代替人民币在市场上流通。[1]

---

[1] 孙毅坤、胡祥培:《电子货币监管的国际经验与启示》,《上海金融》2010年第2期。

2001 年 1 月国务院三部委(国务院纠风办、国家计委、人民银行)联合下发《关于严禁发放使用各种代币券、卡的通知》,明确禁止印刷、发售、购买和使用各种代币购物卡。但是,随着网络游戏的迅速发展,网络游戏虚拟货币得到了广泛应用,并客观上促进了网络游戏产业的发展,但也随之出现用户权益缺乏保障、市场行为缺乏监管等相关社会问题和经济问题。[①] 为规范网络游戏市场经营秩序,文化部与商务部于 2009 年下发《关于加强网络游戏虚拟货币管理工作的通知》,并于 2010 年发布《网络游戏管理暂行办法》,两者规定,网络游戏运营企业发行的网络游戏虚拟货币使用范围应当仅限于兑换自身提供的网络游戏产品和服务,不得用于支付、购买实物或者兑换其他单位的产品和服务,而且需要将网络游戏虚拟货币发行种类、价格、总量等情况按规定报送注册地省级文化行政部门备案。

2009 年,不受央行和任何金融机构控制的比特币诞生,并随之产生多个交易平台,受到比特币玩家的疯狂追捧和炒作。在被投资者疯狂追逐的同时,

---

① 杨力:《2009"虚拟货币新规"解析》,《信息网络安全》2010 年第 1 期。

比特币已经在现实中被个别商家接受。比特币虽然是网络虚拟货币，数量有限，但是可以用来套现法定货币，因此对货币流通带来了一定的冲击。因此，2013 年 12 月 3 日，中国人民银行牵头五部委共同颁布了指导性文件《关于防范比特币风险的通知》，指出比特币从性质上是一种特定的虚拟商品，不具有与货币等同的法律地位，不能且不应该作为货币在市场上流通使用。[①] 2017 年 9 月 4 日，中国人民银行联合各部委发布《关于防范代币发行融资风险的公告》，表示代币发行融资中使用的代币或"虚拟货币"不由货币当局发行，不具有法偿性与强制性等货币属性，不具有与货币等同的法律地位，不能也不应作为货币在市场上流通使用；并明确规定，任何所谓的代币融资交易平台不得从事法定货币与代币、"虚拟货币"相互之间的兑换业务等。2018 年 3月 28 日，中国人民银行召开的 2018 年全国货币金银工作电视电话会议中指出，对数字货币进行广泛的散户投资，有可能对人民币构成系统性风险，特别是其价格的剧烈波动可能引起潜在的犯罪，2018 年

---

① 王锦龙：《比特币的法律问题研究》，《法制博览》2014 年第 11 期。

要进一步加大改革创新力度,扎实推进央行数字货币研发,同时加强内部管理和外部监管,开展对各类虚拟货币的整顿清理。随后,人民银行会同相关部门采取了一系列针对性清理取缔措施,如组织屏蔽"出海"虚拟货币交易平台、从支付结算端入手持续加强清理整顿、果断打击 ICO 冒头及各类变种形态、积极进行风险提示与舆论引导等,防范化解可能形成的金融风险与道德风险。自 2017 年 9 月以来,截至 2018 年 5 月,央行会同相关部门搜排出国内 88 家虚拟货币交易平台和 85 家首次代币发行融资(ICO)交易平台,110 个网站(包括火币网、币安网等交易平台)已被屏蔽,并基本实现无风险退出,人民币交易的比特币全球占比降至不足 1%。

总之,随着互联网金融快速发展所暴露出的安全事件和潜在风险,为了更好地规范互联网金融的健康发展,中国政府和各监管部门参考传统金融的监管办法和互联网金融的自身特点,发布了一系列的管理办法和指导政策,基本明确了互联网金融相关业务形态的对应监管部门和责任,对互联网平台运营企业提出了相应的监管要求、责任和义务,并制定了相应的消费者保护措施和防范金融风险的相关办法。

三、互联网金融风险产学研与监管总结

以上内容是从相关文献、安全事件新闻报道、国家相应监管法规与政策三个方面对互联网金融风险因素的分析与筛选,并对风险所对应的安全评价指标进行了初步分析,在理论文献和实践发展方面都为互联网金融的安全评价指标构建提供了可能。基于以上分析可知,对于互联网金融现有多种业务模式的相关风险因素,以往文献基本都有了相应的分析和结论,学者对互联网金融风险因素的认识也逐渐趋于完整和一致;另外,相应互联网金融发展中的风险因素,也在以往的新闻报道中得以显露,而中国政府对互联网金融所暴露出来的发展问题和潜在风险,也提出了相应的监管办法和指导意见,并确定了相应监管部门和监管范围。

总体而言,互联网金融产业风风火火快速发展的同时,学界也冷静地对大量的相关风险因素进行研究和分析,后续相继爆发的相关金融安全和网络安全事件也印证了学界对风险的担忧,中国政府在

后续的监管中也逐渐重视互联网金融产业的健康有序发展,并推出了一系列的监管政策和相关办法。因此,后续章节将根据本章的分析结果,构建相应的互联网金融安全评价指标体系。

第三章　指标体系构建

一、指标体系设计方法

鉴于互联网金融是金融产业的一部分,其核心是金融,并没有改变金融的本质,因此建立互联网金融产业安全评价指标体系,总体目标是对现有金融产业安全评价指标体系的补充而不是替代,因此,需要参考已有产业安全相关理论及传统金融产业安全评价指标体系,结合互联网金融自身特点,采用层次分析法与指标体系设计方法,构建相应的产业安全评价指标体系。因此,在指标体系的分层和具体指标的选取方面,总体采用已有传统金融产业安全评价指标体系的分层结构,而现有指标体系能够涵盖互联网金融行业内容的,也基本不作修改。

层次分析法需要将决策问题按总目标、各层子目标、评价准则直至具体的备投方案的顺序分解为不同的层次结构。根据李孟刚提出的产业安全相关理论及指标体系设计方法,本书构建互联网金融产业安全评价指标体系需要采用的设计方法和步骤见图 3-1。构建安全评价指标体系的方法共有四个步骤,遵循先整体后局部、自顶向下逐步求精的原则,从而最终确定具体可操作的分级指标。

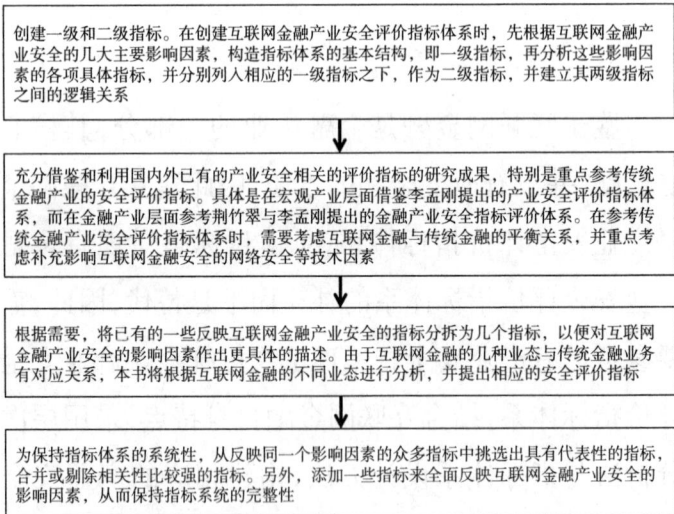

创建一级和二级指标。在创建互联网金融产业安全评价指标体系时,先根据互联网金融产业安全的几大主要影响因素,构造指标体系的基本结构,即一级指标,再分析这些影响因素的各项具体指标,并分别列入相应的一级指标之下,作为二级指标,并建立其两级指标之间的逻辑关系

充分借鉴和利用国内外已有的产业安全相关的评价指标的研究成果,特别是重点参考传统金融产业的安全评价指标。具体是在宏观产业层面借鉴李孟刚提出的产业安全评价指标体系,而在金融产业层面参考荆竹翠与李孟刚提出的金融产业安全指标评价体系。在参考传统金融产业安全评价指标体系时,需要考虑互联网金融与传统金融的平衡关系,并重点考虑补充影响互联网金融安全的网络安全等技术因素

根据需要,将已有的一些反映互联网金融产业安全的指标分拆为几个指标,以便对互联网金融产业安全的影响因素作出更具体的描述。由于互联网金融的几种业态与传统金融业务有对应关系,本书将根据互联网金融的不同业态进行分析,并提出相应的安全评价指标

为保持指标体系的系统性,从反映同一个影响因素的众多指标中挑选出具有代表性的指标,合并或剔除相关性比较强的指标。另外,添加一些指标来全面反映互联网金融产业安全的影响因素,从而保持指标系统的完整性

图 3-1 安全评价指标体系设计方法和步骤

资料来源:李孟刚:《产业安全理论研究》,中华书局 2013 年版。

二、已有成果参考与理论分析

1. 已有相关研究成果

根据李孟刚编写的《产业安全理论研究》[①],产业评价指标体系构建包括两方面的内容:产业安全评价体系的设计原则和产业安全评价体系的设计方法,设计原则包括系统性原则、相关性原则、可测性原则、可控性原则、阶段性原则、科学性原则、战略性原则、规范性原则及实用性原则。遵循评价体系指标的设计原则,按照评价体系指标的设计方法,李孟刚提出了通用的产业安全评价指标体系,并将指标体系分为一级和二级指标两大类(见图1-1);选取并确定了产业国内环境评价指标、产业国际竞争力评价指标、产业对外依存度指标、产业控制力评价指标四大部分,作为产业安全评价体系的一级指标;选取的二级指标包括:产业国内环境评价体系包括产业金融环境、产业生产要素环境、产业市场需求环

---

① 李孟刚:《产业安全理论研究》,中华书局2013年版。

境、产业政策环境;产业国际竞争力评价指标;产业
对外依存度指标;产业控制力评价指标。

荆竹翠与李孟刚①根据国际上具有代表性的金
融安全指标体系,即国际货币基金组织(IMF)与世
界银行(WB)推出的金融稳健指标集(FSI)及已有
相关文献,将金融产业安全评价指标体系分为微观、
中观、宏观三个层次(见图 3-2)。宏观金融安全评
价反映的是国际经济景气状况的大环境、国内经济
环境、信用环境及金融运行环境。具体重要的宏观
指标及选择的创新性指标包括:实际 GDP 增长率、
实际利率、短期外债/外债总额、通货膨胀率等。中
观金融安全评价指标体系是用来衡量中国金融发展
中的结构问题,一定程度上反映着经济金融化进程
中的虚拟程度和风险程度。中观指标主要使用金融
总资产中不同类型资产的比例作为指标,主要包括
货币性金融资产、证券类金融资产及具有专门指定
用途、以保障为中心的各类专项基金。微观金融产
业安全评价指标体系包括了银行机构安全评价指标
体系、保险机构安全评价指标体系和证券机构安全

---

① 荆竹翠、李孟刚:《中国金融产业安全评价指标体系研究》,《山西
财经大学学报》2012 年第 1 期。

金融产业安全评价指标体系

- 宏观金融产业安全评价
  - 国际经济安全评价
    - 世界平均经济增长率
    - 实际GDP增长率
  - 国内宏观经济安全评价
    - 全社会固定资产投资增幅
    - 通货膨胀率
    - M_2增长率
    - 实际利率
    - 工业增加值增长率
    - 实际汇率及其波动幅度
    - 经常项目差额/GDP
    - 外汇储备/GDP
    - 外债总额/GDP
    - 短期外债/外债总额
    - 住房价格指数
    - 10年期国债收益率与基准利率之差
    - 净资产利润率
    - 境外资本流入比例
- 中观金融产业安全评价
  - 货币性金融产比例评价
    - 流通中现金/金融总资产率
    - 各项存款与金融总资产比率
  - 有价证券比例评价
    - 国债与金融总资产比率
    - 金融债券与金融总资产比率
    - 股票市值与金融总资产比率
  - 保险类基金比例评价
    - 保险类金融基与金融总资产率
- 微观金融产业安全评价
  - 银行机构安全评价指标
    - 外资银行市场份额
    - 中外资银行贷款比率差
    - 中外资银行资本充足率差
    - 银行资本充足率
    - 不良贷款率
  - 保险产业安全评价指标
    - 不良资产比率
    - 保费收入增长率
    - 赔付支付率
  - 证券机构安全评价指标
    - 流通市值/GDP
    - 股票市盈率
    - 不良资产比率
    - QFII的市场份额

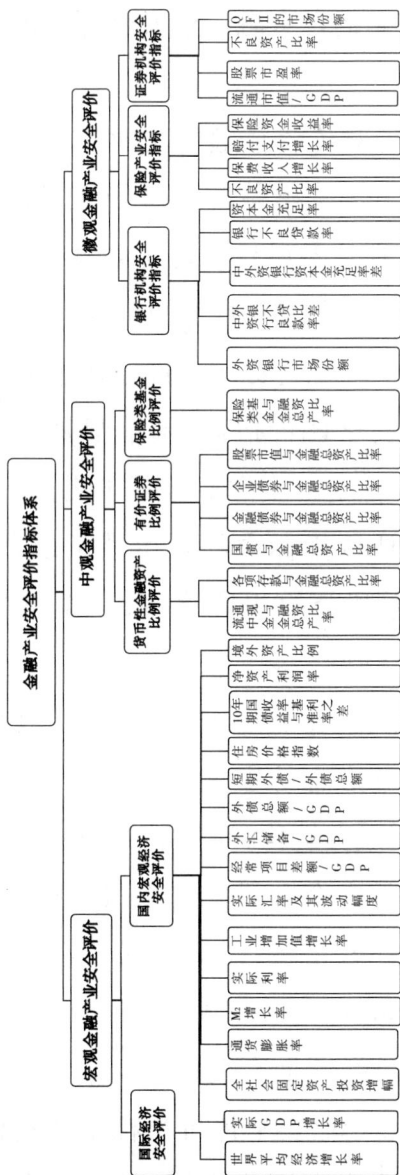

图3-2 中国金融产业安全评价指标体系

资料来源：荆竹翠、李孟刚：《中国金融产业安全评价指标体系研究》，《山西财经大学学报》2012年第1期。

评价指标体系,它们是金融产业安全评价体系中重要的评价环节。

图 3-2 是针对传统金融构建的产业安全评价指标体系,结构相对完整科学,基本覆盖了金融产业的各个方面,特别是宏观与中观的金融产业安全评价指标体系,有一定的普适性,并基本涵盖了互联网金融。如宏观金融产业安全评价指标中的国际经济和国内经济安全评价指标,基本都是总体宏观经济数据的,与特定的金融业务基本无关;而中观金融产业安全评价指标中的货币性金融资产、有价证券、保险类基金的相应比例,从金融功能角度,也涵盖了互联网金融的业务。然而,上述指标体系在一级微观指标的二级指标部分,只是考虑了传统金融业务形态的安全评价指标,如银行机构、保险产业及证券机构,尚没有考虑互联网金融的各业务模式的安全和风险问题,缺乏互联网金融对应的安全评价指标,因此有必要在二级指标体系中补充互联网金融相关的安全评价指标体系,补充后的金融产业安全评价指标体系,将图3-2 中微观金融产业安全评价指标下的指标合并为传统金融产业安全评价指标,与之并列补充互

联网金融产业安全评价指标,结果见图3-3。

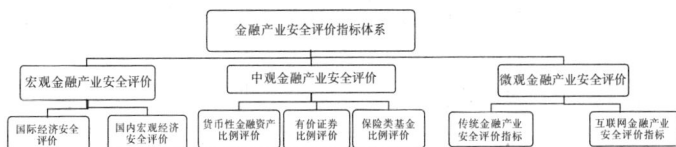

图3-3 涵盖互联网金融的金融产业安全评价指标体系

由于互联网金融的核心是金融,从金融功能角度来看,其与对应的传统金融服务功能基本相同,因此参考荆竹翠与李孟刚提出的金融产业安全评价指标体系中的二级指标体系即传统金融产业安全评价指标,分析其相应安全指标是否适用互联网金融,具体分析结果见表3-1。另外,虽然对于传统金融产业已经有了可参考的风险监管协议和相关指标要求,如针对银行机构的《巴塞尔协议》所要求的资本充足率、风险加权要求等,但由于不同金融业务模式的相关风险指标众多并且分散,相关指标具体权重数值的设定也可能存在争议,因此,荆竹翠与李孟刚提出的金融产业安全评价指标体系,也没有针对各个指标给出相应的风险加权权重。而对于互联网金融的创新业务模式,由于其还在发展演化中,本书也暂时不设置相应的安全评价指标的具体风险加权数值。

表 3-1　传统金融产业安全评价指标与互联网金融参考

传统金融机构	安全指标	互联网金融参考
银行机构	外资银行市场份额	纯粹在线经营的互联网银行的业务内容基本与传统银行一致，也需要取得牌照及接受传统银行模式的监管要求。因此，除了互联网银行，本书研究的互联网金融业务模式中没有完全对应的银行机构实体，相应指标暂不作参考
	中外资银行不良贷款比率	
	中外资银行资本金充足率	
	银行不良贷款率	P2P 网络借贷的业务功能类似，可参考不良贷款率和资本金充足率安全评价指标
	资本金充足率	
	净资产收益率	P2P 网络借贷的定位是单纯的信息中介，与传统银行利用自有资金及公众存款开展的贷款业务不同，因此暂不参考净资产收益率、存贷款比率及市场利差指标
	存贷款比率	
	市场利差	
保险产业	不良资产比率	由于互联网保险目前业务模式只是保险业务的互联网化，其监管仍属于传统保险的监管模式，因此本书没有将其列入研究范围，其相应指标也同样适用于整个保险产业
	保费收入增长率	
	赔付支出增长率	
	保险资金收益率	
证券机构	流通市值/GDP	与证券对应的互联网金融模式有基于网络的股权众筹和各类理财类基金，对应传统证券机构的几类安全评价指标，可通过设计对应互联网金融的市场规模及产业结构如"与传统金融业务规模的比率"来衡量
	股票市盈率	
	不良资产比率	
	QFII 的市场份额	

2. 相关理论分析

鉴于李孟刚提出的产业安全理论体系已经综合了产业经济学中成熟的理论体系,如产业组织理论、产业结构理论、产业布局理论和产业政策理论,因此总体上该理论体系相对比较完整和科学,本书理论分析框架也主要依托该理论体系,并对互联网金融安全从产业组织安全、产业结构安全、产业布局安全及产业政策安全四个方面进行分析。

(1)产业组织安全分析

产业组织安全主要基于产业组织理论中的 SCP 理论模型,分析某产业内的企业之间的关系是否失衡,并且考虑外资控制程度是否对国家安全带来威胁。[1] 因此,基于产业组织安全分析,需要考虑互联网金融各业务模式对应的市场集中度、行业规模的经济性、国家政府的行政性壁垒及跨国公司的策略性行为,在设计具体的互联网金融安全评价指标时,需要考虑互联网金融各业务模式的市场规模(如互联网理财规模、众筹规模、P2P 网贷总额等)及外资背景的互联网金融平台的市场规模比例等。另外,

---

[1] 李孟刚:《产业安全理论研究》,中华书局 2013 年版。

由于欧美发达国家相比中国在系统级的软硬件方面拥有技术和市场优势,国内大量的互联网金融 IT 基础设施及信息系统都或多或少离不开国外的技术和产品(如 CPU、内存、网络设备、操作系统、数据库系统等),这种局面在产业发展上不但受制于人,而且可能会由于隐藏的安全后门或系统漏洞带来不可控制的网络技术风险,从而威胁到中国的互联网金融安全,因此,互联网金融依托的相关网络及软硬件技术是否自主可控及相应发生的安全事故程度,也应该作为安全评价指标的一部分。

由于自 2016 年以来中央政府和各级监管部门对互联网金融的健康发展日益重视并出台了相应的监管政策,因此,国家政府的行政性壁垒方面的安全因素已经大大加强,本书在指标构建上暂不作考虑。

(2)产业结构安全分析

产业结构安全是指生产要素在各产业部门的配置比例协调,彼此能够协调发展以保持该产业能够健康、持续发展。对应到金融的产业结构,按照传统的机构划分则一般包括银行、信托、保险、证券等;考虑到新型的互联网金融业务模式,对应产业结构则可分为传统金融和互联网金融。互联网金融是金融产业的一部分,因此其发展需要考虑与传统金融产业的结构与适当的比例,以促进整个金融产业的协调健康发展。在互联网金融安全评价指标体系的设计和选取方面,需要考虑互联网金融各业务模式与对应传统金融业务发展的比例指标,如 P2P 网络借贷的网贷余额与银行贷款余额的比例、网络理财余额与银行存款余额的比例等。

(3)产业布局安全分析

产业布局通常指产业在空间范围内的分布,而互联网金融可以不依托物理场所开展业务。因此,对互联网金融而言,产业布局的安全则显得无关紧要,相应的安全指标体系暂时不作考虑。

(4)产业政策安全分析

产业政策安全是指一国政府能够维持对本国产业发展决策的独立性、及时性和正确性。中国是主权独立国家,在互联网金融发展决策的独立性不存在安全问题,而随着国家在 2016 年陆续发布互联网金融的相应监管意见和政策后,对互联网金融的业务模式、经营范围、监管部门等都有了明确的限定和要求,相应的及时性和正确性也逐渐得到国家政策方面的保障。因此,对互联网金融而言,产业政策安全相应的安全指标体系暂时不作考虑。

三、互联网金融产业安全评价指标体系

　　根据第三章的文献元分析、产业数据与监管政策法规分析，并综合已有成果参考及理论分析，参考图 3-2 传统金融微观金融评价相关指标，基于层次分析法与指标体系设计方法，初步构建微观层面的互联网金融产业安全评价指标体系见图 3-4。鉴于当前互联网银行、互联网保险、互联网证券和互联网信托的金融业务模式，只是当前相应传统金融模式的互联网化，因此，图 3-4 构建的指标体系主要针对第三章分析的互联网金融相关业务模式。

　　相比传统金融，互联网金融的网络安全问题更加严峻，并且对传统金融会带来一定的负面冲击。因此，在图 3-4 的互联网金融产业安全评价指标中，设置了网络安全评价指标，而在互联网金融的相应业务形态如网络支付、P2P 网络借贷、网络理财及虚拟货币中，补充了其市场规模与传统金融市场规模的比率，以从产业结构和技术角度考察互联网金

融安全风险。如网络支付安全评价指标中设置了网络支付交易金额与传统支付金额比率,P2P 网络借贷安全评价指标中设置了网贷余额与银行贷款的比率,网络众筹安全评价指标中设置了股权众筹市值与传统公开证券市场的比率,网络理财安全评价指标中设置了网络理财余额与银行存款比率,网络虚拟货币安全评价指标中设置了虚拟货币与传统货币 M_2 的比率等。

1. 网络支付安全评价指标

由于网络支付可能被用于违法洗钱的潜在风险,而且以往第三方支付往往直接与银行机构对接,央行较难对其交易情况、交易规模和交易内容等进行监管,因此在规定第三方支付平台需要接入由央行牵头共建的网联平台之外,还需要从产业结构的角度,将其网络支付规模、扩展业务结构及内外资的市场结构纳入监管。

(1)外资平台市场份额

指以外资为背景的网络支付平台市场交易的份额,如苹果支付。根据我国加入世界贸易组织的约定,中国金融业务将逐步对国外金融机构进行放开,

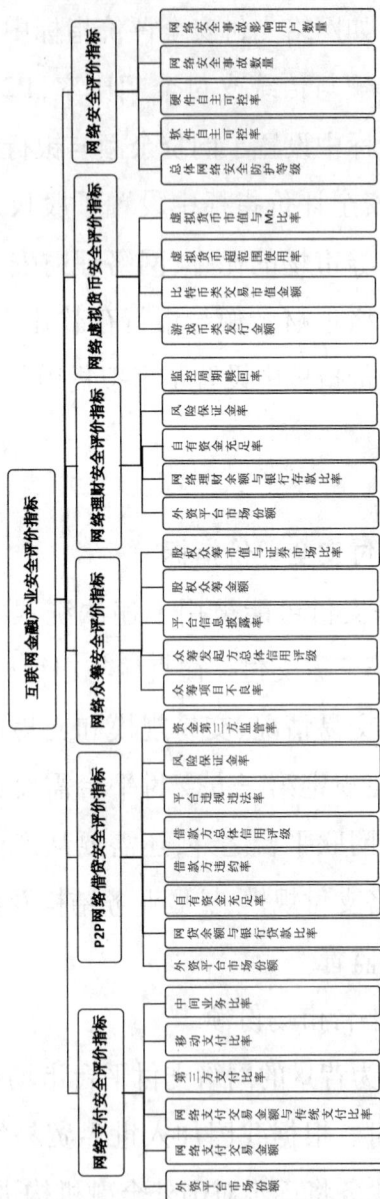

图3-4 互联网金融产业安全评价指标体系

特别是以手机移动支付的业务已经对外放开,苹果的手机支付业务已经可以在国内正常使用。但网络支付过程涉及中国民众的个人信息、交易记录和消费内容等,这些隐私信息和商业信息一旦大范围及大规模地为外资所有和所用,可能存在一定的金融安全和国家信息安全风险。因此,应将外资背景的网络支付平台的相关交易规模和用户数量等指标纳入安全评价指标体系。

(2)网络支付交易金额

指一定周期内网络支付的交易总金额。由于网络支付可用于个人或机构的非法洗钱、诈骗等,而央行又对交易过程和交易内容缺乏监管,因此央行在限定个人或机构的单笔交易金额之外,还需要将网络支付的交易总金额纳入监管。

(3)网络支付交易金额与传统支付的比率

指一定周期内网络支付交易金额与传统支付交易金额的比例。由于大量网络支付可以绕过央行的监管,并对传统金融行业的支付业务造成冲击,特别是由网络支付平台业务衍生的中间业务及其他创新金融业务形式,对传统金融行业冲击较大。基于SCP 理论模型及产业安全相关理论,保持合理的传统金融和互联网金融的比例和结构,有利于整体金融行业的渐进稳定发展,而且方便央行将整个社会的支付业务纳入监管。因此,需要把网络支付交易金额与传统支付的比率纳入互联网金融安全评价指标体系。

(4)第三方支付比率

指第三方支付在网络支付交易金额中的占比。目前第三方支付在网络支付的市场结构占比呈逐渐上升趋势,而第三方支付往往又很难为央行所监管。因此,需要将第三方支付在网络支付交易规模中的占比纳入监管指标。

(5)移动支付比率

指通过移动支付如手机微信、支付宝等支付方式的交易金额在网络支付交易金额中的占比。随着智能手机的普及,越来越多的人在生活中开始使用手机移动支付方式,如大型超市、商场、购物网站等,就连流动摊贩、小饭馆、小微商户、个人之间等也开始大范围使用移动支付,无现金社会逐渐到来。但移动支付相比传统支付方式,在网络安全方面还存在较大安全隐患。因此,需要将移动支付在网络支付交易规模中的比例,纳入监管指标。

（6）中间业务比率

指网络支付平台中提供中间业务交易金额在网络支付交易金额中的占比。由于占市场领先地位的网络支付平台掌握了大量的用户资源和用户入口，可以顺势开展各类中间业务，如各类缴费业务等，而这类中间业务的大量开展也对传统金融机构的对应业务产生了大量的分流作用，使得金融中间业务的市场结构发生较大变化。因此，基于产业结构及金融发展的稳定性考虑，需要将网络支付中中间业务的规模比例纳入监管指标。

2. P2P 网络借贷安全评价指标

P2P 网络借贷行业目前面临的最大风险，不是其对传统银行信贷业务的冲击，而是面临的部分平台欺诈、老板逃跑及借款方信用违约等风险，这些显露的风险，往往影响面较广，涉及民众范围较大，而民众相应的维权又非常困难，一定程度上会造成社会的稳定，并影响政府的监管信誉和声誉。因此，在制定网贷安全评价指标体系时，需要尤为关注。

（1）外资平台市场份额

指有外资背景的 P2P 网贷平台一定周期内融

资金额在国内所有网络借贷金额中的比重。金融行业的逐渐对外开放,外资背景的 P2P 网络借贷平台可能会随之出现,面向个人和中小微商户的个人信息、商业信息等也会暴露给相应的外资平台,为国家信息安全带来一定隐患,因此需要预见性地将外资平台市场份额的指标纳入监管。

(2)网贷余额与银行贷款余额比率

指通过网络贷款的余额与通过银行贷款的余额的比值。按照新出台的监管要求,网贷平台主要面向小微商户及个人服务,定位为传统银行信贷业务的补充,但实际操作中网贷平台的业务有逐渐扩展到中型企业的融资需求趋势(通过化整为零方式),一定程度上会对传统金融业务带来冲击。另外,由于 P2P 网贷的信用风险相比传统银行业的风险更大,如果信用风险控制不当,不断膨胀的网贷规模则可能出现恐慌性的大规模赎回及风险蔓延,影响金融行业的稳定乃至社会稳定。因此,将网贷余额与银行贷款余额的比例指标纳入监管,显得尤为必要。

(3)自有资金充足率

指网贷平台自有资金与总资产的比例。虽然新出台的监管政策规定 P2P 网贷平台只是信用中介,但参与网贷的民众按照传统金融意识,网贷平台应该作为风险兜底人,认为对出现的项目违约应该进行刚性兑付,而网贷平台在经营过程中,难免出现借款人信用违约情况。因此,参照传统银行的自有资金充足率指标,网贷平台也需要有一定的自有资金来应对风险事件。

(4)借款方违约率

指发起融资的借款方违约数量/金额在整体网贷数量/金额中的占比。正常经营的网贷平台,难免出现借款人的违约风险,违约比例的高低直接关系到网贷平台的运营风险及出借人的资金安全,进而引发流动性风险及系统性风险。因此,需要将网贷行业的平均借款方违约率指标纳入监管。

(5)借款方总体信用评级

指发起融资的借款方的平均信用评级。借款方的信用评级往往与其违约率正相关,因此要控制网贷平台的借贷项目总体违约率,需要将借款方总体信用评级纳入监管指标。

(6)平台违规违法率

指由于平台自身原因导致的违规违法数量在网贷平台数量中的占比,如平台负责人逃跑、虚构项目、资金没有第三方监管等。平台的违规违法及逃跑,对网贷行业影响尤其恶劣和严重,因此,在将各个网贷平台纳入互联网金融协会加强自律的同时,还需要将该行业的网贷平台的总体违规违法数量和比例进行监控。

(7)风险保证金率

指网贷平台交付监管机构的风险保证金与网贷余额的比率。新出台的监管政策,已经对网贷平台的风险保证金进行了约定和要求,一旦经营不善或者出现信用违约风险,风险保证金可用于应对风险事件,以保障网贷平台的正常支付和资金流动,避免发生流动性风险。因此,该行业的网贷平台风险保证金率有必要纳入监管指标。

(8)资金第三方监管率

指按要求进行第三方资金监管的网贷平台数量与国内所有网贷平台数量的占比。针对网贷平台出现的挪用项目资金违规风险,新出台的监管政策已经进行了限制和约定,但还需要监控政策的执行力度,否则相应的违规违法的安全事件仍然难以避免。

3. 网络众筹安全评价指标

不考虑网络借贷类的众筹,网络众筹的风险主要表现为平台虚构项目、众筹企业造假及项目违约等,该类风险事件多有发生,严重影响了网络众筹行业的良性发展。因此,对网络众筹安全评价的重点,应该主要关注众筹平台自身、众筹项目及众筹融资企业几个方面。

(1)众筹项目不良率

指不良众筹项目与所有众筹项目个数/金额的占比,如众筹产品不能如约交付、虚假公益众筹项目等。众筹行业存在项目融资方的欺诈风险、众筹服务/产品不能如约交付的信用违约风险、众筹平台虚构项目的信用道德风险等。由于参与众筹民众不在少数,出现上述风险事件则影响较广,一定程度上影响了社会稳定及社会的整体信用环境,因此需要将众筹项目的不良率纳入众筹行业监管。

(2)众筹发起方总体信用评级

指所有众筹发起方的平均信用评级。众筹发起方的信用良莠不齐,可以基于发起方提供的信用资料及互联网大数据对其进行分析,确定信用评级,如果总体信用评级较高,则发生信用违约或者欺诈的风险则相对较低,反之则存在较大的信用风险。

（3）平台信息披露率

指股权众筹的项目和企业按照监管要求正常按时披露信息的数量与股权众筹项目总数的比值。为了控制风险,传统规范的证券市场要求拟上市融资企业及上市企业需要定期完整准确地披露企业的经营信息和经营状况,而国家近来出台的互联网金融监管政策,也已经开始要求各互联网金融平台加强信息披露,特别是对股权众筹的项目和相关企业,以控制"暗箱操作"及项目欺诈等带来的相应风险。

（4）股权众筹金额

指一定周期内通过股权众筹的总金额。由于股权众筹尚不能在国家指定的上海交易所、证券交易所等进行公开融资,其融资的监管要求也是现有股权融资的小范围补充,其众筹范围、定位、参与主体和规模都有一定的限制,因此,需要将股权众筹的规模即金额纳入监管指标。

（5）股权众筹市值与证券市场的比率

指通过网络股权众筹的企业总市值与在国家法定公开证券市场上市的企业总市值的比值。按照国家目前的监管思路,股权众筹的范围、参与主体等都受到了一定限制,不可能达到或超过传统公开证券市场的规模,因此,对其股权众筹业务的监管,可以将其众筹的总市值与当期证券市场的比例作为监管指标。

4. 网络理财安全评价指标

随着网络理财规模的不断扩大及投资渠道的不断扩展,民众的逐利性及群体的非理性逐渐显现,网络理财所带来的大规模存款搬家及不同理财渠道之间的搬家日渐频繁,并对传统银行及网络理财平台的流动性风险及资金管理带来了巨大的挑战;另外,理财与存款的不同考核要求,也为央行的货币政策调整带来了一定的困难。金融的产业安全,首先是自身金融功能业务的健康和平稳运行,因此网络理财安全评价指标的制定,需要考虑网络理财规模与传统银行存款规模的比例并需要特别考虑流动性风险。

（1）外资平台市场份额

指有外资背景的网络理财平台一定周期内理财金额在所有网络理财金额中的比重。我国金融行业逐步对国外放开后,国外金融机构或互联网企业将来也可能参与国内的网络理财业务,因此,需要预先考虑以外资为背景的网络理财平台业务在该领域的市场份额,以便未雨绸缪。

（2）网络理财余额与银行存款比率

指一定周期内网络理财的余额与银行存款的比值。鉴于网络理财对银行存款及相应收益有相应的冲击,而央行针对理财和存款的不同考核指标要求,也为央行政策的调整带来了一定的困难,为金融行业埋下了安全隐患。因此,从产业经济的结构性角度,基于产业安全相关理论,需要将网络理财余额与银行存款余额的比例纳入安全评价指标。

（3）自有资金充足率

指网络理财注册平台的自有资金与总资产的比率。由于投资渠道的多样化和民众的非理性逐利行为,网络理财平台也随时面临大规模赎回的可能,同样面临流动性管理的挑战,流动性风险的管控也越发重要和迫切。参考传统银行的考核指标,网络理财平台的自有资金充足率便是防范流动性风险的重要方法。

（4）风险保证金率

指网络理财平台从理财总金额中提取金额放到

保障金账户中的比例。参考传统银行的监管办法，国家近来出台的监管政策,已经对网络理财平台的风险保证金率提出了监管要求,因此需要将该指标纳入安全评价指标。

(5)监控周期赎回率

指一定监控周期内网络理财赎回金额与理财总金额的比值。网络理财面临的最重要风险就是流动性风险,鉴于互联网的操作即时性、风险的快速蔓延性及交叉传感性,一旦发生大规模的资金赎回,则对网络理财平台乃至整个金融行业的安全带来极大的冲击,甚至带来系统性金融风险。因此,需要监控一定周期内的各类网络理财平台的理财资金赎回率,以控制相关金融风险。

5. 网络虚拟货币安全评价指标

如果网络虚拟货币在其自身的虚拟社区或交易平台内封闭使用和交易,理论上不会对金融行业带来相应的系统性风险。但是,随着网络虚拟货币的发行规模和适用范围的逐渐扩大,逐渐开始脱离原有的封闭环境而进入传统金融环境的货币流通、支付交易等环节,为金融行业的健康有序发展带来了一定的安全隐患。因此,从产业结构和产业安全角度,需要将网络虚拟货币的使用范围、规模等相关指标纳入安全评价指标体系,以控制相应的金融风险。

(1)游戏币类发行金额

指由发行中心的游戏币类如 Q 币在虚拟社区发行的总金额。由于在游戏虚拟社区,开始出现游戏币的交易平台,游戏者之间可以用法定货币进行游戏币的交易,交易规模的扩大,可能对现实的货币流通产生影响。因此,需要将游戏币类的发行金额指标纳入安全评价指标体系,而国家的监管政策也规定了游戏币发行者需要向国家相关机构报备游戏币发行的类型、规模等相关数据。

(2)比特币类交易市值金额

指一定周期内无发行中心的比特币类虚拟货币在交易平台中交易市值的总金额。鉴于比特币在相关交易平台上的币值被炒作得越来越高,并且开始进入现实金融生活的流通和支付环节,从而对货币政策和金融支付带来冲击和不良影响。而比特币本身并没有创造价值,是与实体经济完全脱离的,并不能反映现实的经济活动,因此,需要将国内比特币类的交易市值金额纳入监管指标。

（3）虚拟货币超范围使用率

指虚拟货币脱离虚拟社区或特定交易平台范围的使用金额占已发行虚拟货币市值的比例。虚拟货币对金融行业的冲击,主要在于其开始脱离其原有的发行和使用范围,开始脱虚向实,而国民经济的实际运行状况本身又与虚拟货币没有关系或关联关系较弱。因此,如果要避免虚拟货币对现实经济和金融业务的冲击,需要将虚拟货币超范围的使用规模即使用率纳入安全评价指标体系。

（4）虚拟货币市值与 M_2 比率

指虚拟货币的总体交易市值与传统货币 M_2 的比值。广义货币 M_2 是反映货币供应量的重要指标,它等于流通于银行体系之外的现金、企业活期存款及定期存款和居民储蓄存款等存款之和。虚拟货币本身不是法定货币,也不具有国家信用背书,但虚拟货币的比值规模及超范围的使用,则会对国家的货币政策带来挑战并冲击金融安全。因此,参考传统货币政策中的参考指标,需要将虚拟货币市值与实际货币指标 M_2 的比率纳入安全评价指标体系。

6.网络安全评价指标

互联网金融自身的互联网思想和技术特性,注定了其网络安全问题尤其需要关注。由网络安全所导致的信息泄露、资金非法盗窃转移、互联网金融平台运行异常而停止服务等安全问题,必然对互联网金融的参与者带来相应的损失和负面影响,从而不利于互联网金融行业的健康稳定发展。因此,互联网金融安全评价指标方面需要特别考虑补充网络安全方面的评价指标。

(1)总体网络安全防护等级

根据《中华人民共和国网络安全法》的法定要求,互联网交易平台总体网络安全防护应该达到相应的平均等级。网络安全防护等级越高,互联网金融平台发生网络安全事故的概率则越小,互联网金融才能保障自身的正常运行和运营。目前,由于互联网金融平台的整体进入门槛不高,实力不强的平台企业在人才、技术和资金等方面投入不足,可能面临更为严重的网络安全威胁。因此,要保障互联网金融行业的总体平稳健康运行,需要将互联网金融行业的总体网络安全防护等级纳入安全评价指标体系。

（2）软件自主可控率

以往发生的多起网络安全事件如棱镜门事件、微软操作系统蓝屏事件、软硬件的系统漏洞遭黑客攻击事件等,告诉我们需要关注互联网金融平台所依赖的软硬件技术必须安全可控。互联网金融交易及信息平台使用的软件,基于国产品牌、自主研发或开源等方案,可相对增加自主可控的程度。因此,需要将互联网金融平台所依托的软件技术方案的自主可控程度纳入安全评价指标体系。

（3）硬件自主可控率

指互联网金融交易及信息平台依托的硬件,如中央处理器（CPU）、存储器、服务器等自主可控部分的比重。国外进口的部分硬件,如网络路由器、交换机等,可能存在内置网络后门的潜在风险。因此,同样基于软件自主可控的考虑,在硬件方案也需要考虑自主可控程度。

（4）网络安全事故数量

指一定周期内发生的互联网金融平台网络安全事故的总数量。互联网金融平台所依托的软硬件技术方案,可能隐藏的安全隐患非常隐蔽而不易于发现,只能通过暴露出的网络安全事故进行事后评估。

因此,需要监控和统计一定时期内发生的网络安全事故数量,并列入安全评价指标体系。

(5)网络安全事故影响用户数量

指一定周期内发生的互联网金融平台网络安全事故所影响的用户总数量。部分网络安全事故影响的范围较广,影响用户数量众多,影响社会的稳定和金融业务的正常运行,对金融安全会带来严重的冲击。因此,对于互联网金融平台发生的网络安全事故,还需要统计和监控其影响的用户数量。

考虑到互联网金融的业务形态和监管政策还在不断发展变化,对上述互联网金融安全评价指标体系,暂时没有按照层次分析法的严格要求,对上述各个指标赋予相应权重。在上述指标体系初步完成后,采用德尔菲方法通过邮件方式征询了传统金融和互联网金融行业内的十多位理论研究专家和企业家,指标体系得到整体认可,并提出了小幅修改意见,最终确定上述指标体系(表3-2为互联网金融安全指标体系汇总及说明)。

表3-2　互联网金融安全评价指标体系汇总及说明

一级指标	二级指标	说明
网络安全评价指标	总体网络安全防护等级	互联网交易平台总体网络安全防护达到的平均等级
	软件自主可控率	互联网金融平台所依托的软件技术方案的自主可控程度
	硬件自主可控率	互联网金融平台所依托的硬件设施方案的自主可控程度
	网络安全事故数量	一定周期内发生的互联网金融平台网络安全事故的总数量
	网络安全事故影响用户数量	一定周期内发生的互联网金融平台网络安全事故所影响的用户总数量
网络支付安全评价指标	外资平台市场份额	以外资为背景的网络支付平台市场交易的份额
	网络支付交易金额	一定周期内(如月、季、年等)网络支付的交易总金额
	网络支付交易金额与传统支付的比率	一定周期内(如月、季、年等)网络支付交易金额与传统支付交易金额的比例
	第三方支付比率	第三方支付在网络支付交易金额中的占比
	移动支付比率	通过移动支付如手机微信、支付宝等支付方式的交易金额在网络支付交易金额中的占比
	中间业务比率	网络支付平台中提供中间业务交易金额在网络支付交易金额中的占比

续表

一级指标	二级指标	说明
P2P网络借贷安全评价指标	外资平台市场份额	有外资背景的P2P网贷平台一定周期内融资金额在全体网络借贷金额中的比重
	网贷余额与银行贷款余额比率	通过网络贷款的余额与通过银行贷款的余额的比值
	自有资金充足率	网贷平台自有资金与总资产的比例
	借款方违约率	发起融资的借款方违约数量/金额在整体网贷数量/金额中的占比
	借款方总体信用评级	发起融资的借款方的平均信用评级
	平台违规违法率	由于平台自身原因导致的违规违法数量在网贷平台数量中的占比
	风险保证金率	网贷平台交付监管机构的风险保证金与网贷余额的比率
	资金第三方监管率	按要求进行第三方资金监管的网贷平台数量与所有网贷平台数量的占比
网络众筹安全评价指标	众筹项目不良率	不良众筹项目与所有众筹项目个数/金额的占比
	众筹发起方总体信用评级	所有众筹发起方的平均信用评级
	平台信息披露率	股权众筹的项目和企业按照监管要求正常按时披露信息的数量与股权众筹项目总数的比值
	股权众筹金额	一定周期内通过股权众筹的总金额
	股权众筹市值与证券市场的比率	通过网络股权众筹的企业总市值与国家法定公开证券市场的上市企业总市值的比值

续表

一级指标	二级指标	说明
网络理财安全评价指标	外资平台市场份额	有外资背景的网络理财平台一定周期内理财金额在所有网络理财金额中的比重
	网络理财余额与银行存款比率	一定周期内网络理财的余额与银行存款的比值
	自有资金充足率	网络理财注册平台的自有资金与总资产的比率
	风险保证金率	网络理财平台从理财总金额中提取金额放到保障金账户中的比例
	监控周期赎回率	一定监控周期内网络理财赎回金额与理财总金额的比值
网络虚拟货币安全评价指标	游戏币类发行金额	由发行中心的游戏币类如 Q 币在虚拟社区发行的总金额
	比特币类交易市值金额	一定周期内无发行中心的比特币类虚拟货币在交易平台中交易市值的总金额
	虚拟货币超范围使用率	虚拟货币脱离虚拟社区或特定交易平台范围的使用金额占已发行虚拟货币市值的比例
	虚拟货币市值与 M_2 比率	虚拟货币的总体交易市值与传统货币 M_2 的比值

四、互联网金融产业安全预警体系初探

1. 产业安全预警系统构建方法与流程

构建产业安全评价指标体系是为了相关经济单位或监管部门准确适时地评价相关产业的安全与健康发展情况，并根据相关发展指标采取应对措施。

产业安全预警包括两层含义:产业安全预测和产业安全警报,前者是后者的前提和基础;产业安全预警是根据采集获取的产业相关各评价指标数值,参照比较产业安全评价指标体系及相关阈值,对于超出安全阈值的指标,及时向相关经济单位或监管机构发出警告,并且协助相关决策部门制定应对措施。[①]

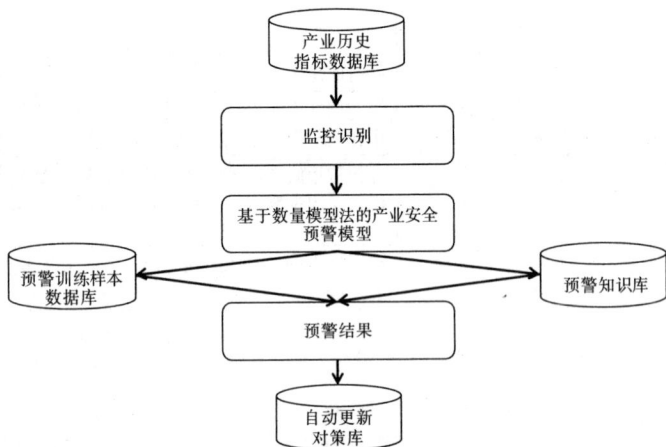

图3-5 产业安全预警系统构建方法与流程

资料来源:李孟刚:《产业安全理论研究》,中华书局2013年版,第203页。

要建立安全可靠的预警体系,首先需要参考科学的预警系统构建方法和相应的处理流程,本书主要参考李孟刚编写的《产业安全理论研究》建议

---

① 李孟刚:《产业安全理论研究》,中华书局2013年版,第203页。

的产业安全预警系统构建方法与流程(见图3-5)。要构建产业安全预警系统,首先需要构建产业历史数据库、预警训练样本数据库、预警知识库和自动更新对策库,然后预警系统定时监控产业历史数据库,基于数量模型法构造的产业安全预警模型和预警知识库进行分析,分析出预警结果后根据对策库产生相应的预警行为。其中,预警知识库和对策库需要在系统运行和数据库更新过程中进行不断更新。

2. 互联网金融产业安全预警系统

鉴于互联网金融所有的业务通过互联网及相应信息系统进行,相关业务数据都存储在互联网金融平台,方便获取和分析,因此,本书主要从信息系统角度分析如何构建互联网金融产业安全预警系统。由于互联网金融是金融行业的一部分,又对传统金融相互影响,因此建议构建的互联网金融产业安全预警系统可以覆盖传统金融和互联网金融,建议的体系结构示意图见图3-6。

下面是对互联网金融体系结构示意图各主要部分的说明:

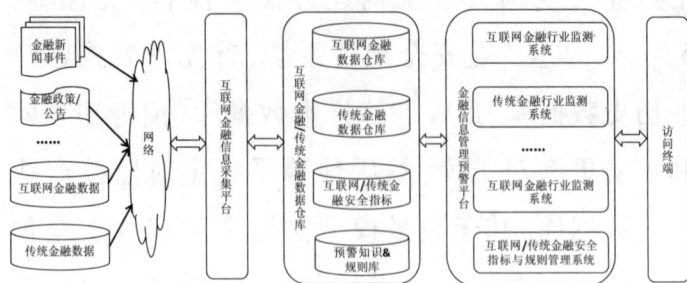

图 3-6　中国互联网金融产业安全预警系统总体结构示意图

（1）互联网金融信息采集平台

如果要对互联网金融能够及时准确预警,必须要有互联网金融/传统金融的行业运行数据及相关安全事件、新闻报道和监管政策/公告等数据的支撑。因此,互联网金融信息采集平台的作用,就是采集这些数据。采集数据的方式可以有多种,如果作为政府监管平台,可以让企业信息平台推送数据或者提供数据访问接口进行数据抽取,对监管政策等可以手工采集录入,对公开报道、安全事件等还可以采用网络爬虫技术从网络采集数据。

由于不同企业金融平台的数据格式可能存在差异,互联网金融信息采集平台还需要统一行业数据格式,对金融数据进行清理、过滤、格式转换等统一处理,以形成格式统一规范的金融行业数据。

（2）互联网/传统金融数据仓库

在互联网/传统金融数据仓库层,需要对采集的不同时间段的互联网/传统金融行业数据,根据监管和预警的要求,分门别类地存到面向不同主题的数据仓库。另外,还需要根据行业发展需要和监管要求,管理存储设置互联网/传统金融的安全指标体系、各指标的权重和阈值、预警规则和知识体系。

（3）金融信息管理预警平台

在金融信息管理预警平台,提供对互联网/传统金融的行业监测系统,可对金融行业进行行业汇总、统计分析及实时监测。互联网/传统金融安全指标与规则管理系统提供设置相应的安全指标、权重、阈值及相应的预警规则的功能,设置好规则和指标后,互联网/传统金融安全预警系统能够定时对行业数据进行指标计算、统计分析及满足规则预警。

第四章　互联网金融产业安全评价与实践参考

一、互联网金融产业安全评价成果

1. 互联网金融产业安全评价成果

本书基于产业安全相关理论和已有金融产业安全指标体系相关文献，依托层次分析法和指标体系设计方法，采用文献元分析并结合产业数据与监管政策法规分析方法，在原有金融产业安全指标体系中的微观层面补充了互联网金融产业部分，初步提出了完整的互联网金融产业安全指标评价体系，并进一步提供了初步的互联网金融产业安全预警系统方案。研究成果符合当前中国互联网金融产业发展和产业安全研究需要，并对互联网金融产业的风险防控与健康安全发展的政府监管有一定的参考作用，其研究结果有一定的创新性。

本书的理论创新主要是在微观层面首次提出了完整的互联网金融安全指标体系，针对互联网金融的核心业务模式，如网络支付、融资、理财到虚拟货币设置了网络安全评价相关指标及互联网金融与传统金融的比重指标，弥补了以往金融产业安全评价指标体系在互联网金融领域的不足。另外，本书还综合应用了产业安全相关理论、层次分析法与文献元分析方法，有助于产业安全理论在互联网金融行业的应用和发展，并为后续类似研究提供方法参考。

在政府监管的政策方面，本书提出的互联网金融产业安全评价指标体系的相应指标，基本具有可操作性，政府可根据行业数据计算相应的产业指标，并设置相应的安全阈值和逻辑规则，以便对互联网金融产业进行有效的风险防控和监管。另外，基于本书提出的互联网金融安全评价指标体系，综合兼顾传统金融的监管，初步构建了互联网金融安全预警系统的建议方案，可供政府相关部门构建对应预警系统时做相应方案参考。

2. 互联网金融产业安全评价有待完善

受限于理论水平、行业数据及产业发展现状等，本书在研究方法和理论实践方面还存在一些不足。

首先，互联网金融本身还在发展、变化和完善中，在理论探索和安全评价指标构建方面也有不断完善的过程。依托互联网、大数据、云计算及人工智能等快速发展的信息技术，互联网金融创新的业务模式还在不断发展变化，新的金融业务模式可能还会不断涌现，互联网金融的应用规模、深度和广度还会不断扩大，传统金融和互联网金融正呈日益融合的趋势，未来中国政府可能还会进一步出台更细致的互联网金融监管措施，从而对互联网金融的发展带来影响。鉴于互联网金融的快速发展、创新不断涌现及业务模式的不断变化，新的问题和安全影响因素还可能不断涌现，从而影响到本书所提出的互联网金融产业安全评价指标体系的时效性。

其次，本书基于文献和行业数据元分析方法，搜集的文献还不可能做到穷尽，对文献的概念提取和风险因素分析方面还可能存在不足。另外，依托产业安全理论而采用层次分析法构建的互联网金融安全评价指标体系，没有严格按照层次分析法的要求，

书中也尚未给出各个安全评价指标的权重,在相应
行业监管方面的操作性尚显不足。

二、互联网金融产业监管参考
　　建议与展望

1.互联网金融产业监管参考建议

　　鉴于互联网金融在中国的快速发展并不断涌现
相关安全问题,本书的成果也对实践有重要的指导
意义。根据本书的成果,对互联网金融的监管提出
以下建议:

　　(1)注意区分互联网金融与传统金融的异同

　　互联网金融的本质还是金融,但通过互联网并
依托计算机信息处理技术、大数据技术、人工智能和
云计算技术后脱离了传统媒介,其服务的形式、效
率、效果及覆盖的群体相比传统金融存在很大的差
异,加速了金融脱媒的进程,促进了普惠金融的发
展,但同时也由于网络技术本身带来了巨大的风险。
本书构建的互联网金融安全评价指标体系,正是既
参考了传统金融的服务功能,又结合了互联网金融

的自身特点,较好地反映了互联网金融安全健康发展的内在要求。

（2）注重互联网金融与传统金融的发展平衡与产业结构

互联网金融的普惠特点,虽然在一定程度上对传统金融服务是一种良好的补充,但部分业务对传统金融及金融监管带来了负面冲击。如虚拟货币的超范围使用及互联网理财的规模膨胀对货币政策的冲击,互联网金融平台的中间业务对传统银行收入的负面影响等。因此,要促进中国金融产业的健康和安全发展,需要平衡互联网金融与传统金融的产业比例,注重两者适当的产业结构。

（3）关注网络技术安全的防范与实践指导

互联网自身的开放、匿名、无国界、快速等特点,一方面促进了互联网金融的快速发展,另一方面也带来了日益严峻的安全问题。鉴于互联网金融的交易数据和商业及个人信息,关乎国家的信息安全,如果大量采用国外商业提供的软硬件设备,则会面临巨大的潜在信息安全后门及风险。因此,作为监管部门需要加强互联网平台的网络技术安全的技术监管及实践指导,在满足需求前提下尽量采用自主安全可控的软硬件,确保自身的网络安全防护等级要求。

(4)构建互联网金融安全预警平台系统

互联网金融安全事故的发生有一定的滞后性,但一旦发生则具有传播迅速、影响面广、交叉感染强的特点,一定程度上会影响社会稳定和国家金融稳定。因此,互联网金融安全的预测、预警和防范则显得非常迫切,建议监管部门依托本书提出的互联网金融安全评价指标体系及互联网金融产业安全预警系统初步方案,尽早构建国家层面的互联网金融安全预警体系。

2. 互联网金融产业渐入有序发展

任何新生事物都有其自身发展的规律,新的产业也往往是迎合了部分的市场需求而快速发展,而对新产业的初始认识的不足又往往导致新产业的野蛮无序发展。随着认识的逐渐深入,新产业也必将转入规范和健康发展阶段。互联网金融作为传统金融的创新业务模式补充,也逐渐由快速野蛮生长阶段转入了有序监管和平稳健康发展阶段。

随着 2016 年以来中国政府对互联网金融监管

政策的不断出台及 2017 年政府相关部门的大力治理,互联网金融产业的发展也逐渐纳入了政府对金融的整体监管之中,相应的监管政策和措施也逐渐得到了落实。如地方根据中央和相关部委的政策文件,在 2017 年和 2018 年陆续出台了地方性的监管办法和要求,并进行了相应风险排查和政策落实。党的十九大以来,2018 年 3 月,中央决定中国银监会与保监会合并,在政府组织结构层面开展更加有利互联网金融的有序监管。2017 年以来,绝大多数第三方支付平台陆续接入了网联平台,并且第三方支付平台根据监管要求也逐步开始针对个人限制相应的支付金额与理财额度;国家互联网应急中心(National Internet Emergency Center,CNCERT)开始建设国家互联网金融风险分析技术平台,为中国互联网金融风险防范提供相应的技术保障措施。进入 2018 年,为了防范金融风险,央行将保持政策的连续性和稳定性,实施好稳健中性的货币政策,注重引导预期,保持流动性合理稳定等。

可以预见,未来互联网金融产业发展过程中,虽然可能会有相应的金融安全事件发生,但随着政府一系列监管政策的发布和落实及相应政府机构改革的不断推进,中国互联网金融作为金融产业的一部分,必将进入规范有序和健康平稳发展阶段,同时也必将发挥普惠金融所应具备的作用,继续为广大民众及小微企业提供高质高效及更加安全的金融服务。

附　录

附录A　互联网金融风险相关文献数据

序号	作者与引用	主要论点与发现	范畴	经营管理风险	技术交易安全风险	市场风险	资金安全风险	法律风险	信用风险	传统银行负面影响	流动性风险	道德风险	跨境风险	平台风险	合规风险	利率汇率风险	政策风险	系统性风险
1	米克, 2015 [122]	Insider Misuse = Significant Cause of Breaches; > 20% of breaches come directly from insiders with malicious intent. Disclosures of Breaches = Coming from Outside Sources; In 69% of breaches, victim did not detect attack on own – they were notified by third party	互联网		1													
2	朱光辉等, 2014 [67]	VaR 方法可以全面地衡量包括利率风险、汇率风险、股票和商品价格风险以及金融衍生产品风险在内的各种金融市场风险	IF			1										1		
3	卜强,2014[4]	互联网金融发展中存在的主要风险有:信息泄漏的风险、操作和技术风险、资金安全风险、法律风险和信用风险	IF	1	1		1	1	1									

续表

序号	作者与引用	主要论点与发现	范畴	经营管理风险	技术风险	交易安全风险	市场风险	资金安全风险	法律风险	信用风险	传统银行负面影响	流动性风险	道德风险	跨境风险	平台风险	合规风险	利率汇率风险	政策风险	系统性风险
4	曾国安等,2014 [87]	支付和代销渠道受到冲击,存货款被分流("余额宝"类理财产品,更加剧了资金脱媒的趋势),核心数据流失(造成信息脱媒)及客户黏性下降	IF	1	1	1		1			1								
5	陈林,2013[6]	互联网金融的网络、技术以及交易的安全,对互联网金融的电子技术、内部管理、自有资本、客户资金管理	IF	1	1	1													
6	陈秀梅,2014 [8]	由于互联网金融市场开放程度高,交易关联性强,风险危害性大,亟须建立与其对应的信用风险管理体系	IF							1									
7	陈秀梅等,2014 [9]	由于众筹融资市场开放程度高、风险危害性大,急需建立相应的信用风险管理体系	众筹							1									
8	陈志武,2014 [11]	余额宝为代表的互联网金融产品在交易安排上存在下述潜在问题:期限错配、流动性错配,信用风险等	理财							1		1							

续表

序号	作者与引用	主要论点与发现	范畴	经营管理风险	技术风险	交易安全风险	市场风险	资金安全风险	法律风险	信用风险	传统银行风险负面影响	流动性风险	道德风险	跨境风险	平台风险	合规风险	利率汇率风险	政策风险	系统性风险
9	方鹏飞等,2014 [15]	互联网金融的本质是活期存款的利率市场化，它冲击了央行肩负着的存款利率市场化进程，并存有着较大的流动性风险，可能引发系统性危机	理财																1
10	高汉,2014[16]	互联网金融很可能成为洗钱等违法犯罪活动的"温床"，其运行中存在潜在的市场风险和道德风险	理财										1						
11	曹国华等,2014 [5]	互联网金融的虚拟化、无国界化，技术装备水平高的特点又加上相关法律缺位等问题	IF		1		1		1										
12	黄海龙,2013 [26]	电商金融具有传统金融机构具有的风险；电商金融具有的风险，利率汇率风险，市场流动性风险，还存在技术、业务、法律等方面的特定风险	IF	1	1		1					1							
13	龚明华,2014 [17]	互联网金融与传统银行业之间存在相互促进、相互补充又相互竞争的关系。互联网金融具有安全性问题和合规风险	IF						1							1			

172

目 录

续表

序号	作者与引用	主要论点与发现	范畴	经营管理风险	技术安全风险	交易安全风险	资金安全风险	市场风险	法律风险	信用风险	传统银行负面影响	流动性风险	道德风险	跨境风险	平台风险	合规风险	利率汇率风险	政策风险	系统性风险
14	何文虎, 2014 [21]	互联网金融风险的特征:强传染性、高虚拟性、强时效性、超复杂性;具有的风险类型包括:法律风险、运营风险、操作风险、跨境风险	IF	1	1				1					1					
15	贺强,2014[22]	老百姓从银行取出的是一般性存款,而天弘基金基于存入人的是协议属于的存款。按照银监会规定的会计各项存款考核口径,不能计入商业银行的存贷比指标。因此,一般性存款的下降,会使银行存贷比指标上升,从而影响银行贷款规模	理财								1								
16	宏皓,2014[23]	互联网金融整体处于无门槛、无标准、无监管的"三无"状态	IF						1										
17	胡剑波等,2014 [25]	应加快建立健全互联网金融监管的法律法规,不断完善互联网金融监管的体制机制,提高互联网金融监管的信息技术水平及建立消费者互联网金融知识普及机制和权益保护机构	IF						1										

173

续表

序号	作者与引用	主要论点与发现	范畴	经营管理风险	技术风险	交易安全风险	市场风险	资金安全风险	法律风险	信用风险	传统银行负面影响	流动性风险	道德风险	跨境风险	平台风险	合规风险	利率汇率风险	政策风险	系统性风险
18	贾甫 等, 2014 [27]	互联网金融是基于互联网技术的金融创新和金融重塑，核心是识别整个市场的风险问题	IF				1												
19	李柄 等, 2014 [32]	互联网金融业蕴含了较大的风险，对金融稳定会带来一定的影响：(1)互联网金融企业较高的信用违约风险；(2)互联网金融衍生生成子银行的迅速发展引致商业银行理财从事高风险项目	IF							1	1								
20	李楠,2014[38]	以余额宝为例，互联网金融产品的风险包括：互联网平台风险，货币流动性风险，信用风险，法律规范风险及市场风险	理财					1	1	1		1			1				
21	李有星 等, 2014 [41]	高风险性的金融与涉众性的互联网结合，必然使互联网金融比传统金融更具涉众性风险，风险面更广，传染性更强	IF					1	1										

续表

序号	作者与引用	主要论点与发现	范畴	经营管理风险	技术交易安全风险	资金安全风险	市场风险	法律风险	信用风险	传统银行负面影响	流动性风险	道德风险	跨境风险	平台风险	合规风险	利率汇率风险	政策风险	系统性风险
22	梁璋 等, 2013 [42]	以阿里金融为代表的新金融势力,在支付、结算和融资领域内的"大举进入",给银行带来了"两点风险"与一个需求:银行面临着被边缘化的风险,银行面临着优势被蚕食的风险,理	IF							1								
23	刘继兵 等, 2014 [43]	互联网金融柔性监管的特殊性和必要性:系统性的安全风险,互联网网信息技术风险,合规风险,法律与道德风险	IF		1			1				1			1			
24	刘力臻, 2014 [44]	同传统金融相比,互联网金融潜藏着资产泡沫,利率波动冲击,市场结构重组,监管法律和机空缺滞后,网络黑客攻击等诸多风险	IF		1		1	1								1		
25	刘明彦, 2014 [46]	与银行相比互联网金融 P2P 公司的劣势:资产负债规模相对较小,融资渠道少,经营风险高;信息披露不充分,资本杠杆倍数过高	IF	1														

续表

序号	作者与引用	主要论点与发现	范畴	经营管理风险	技术风险	交易安全风险	市场风险	资金安全风险	法律风险	信用风险	传统银行负面影响	流动性风险	道德风险	跨境风险	平台风险	合规风险	利率汇率风险	政策风险	系统性风险
26	刘勤福 等, 2014 [48]	互联网金融绕不开信用中介,不具有信用创造功能及具有"市场"贷款的特征,决定了其短期内更多地体现为金融服务通道功能,而对商业银行发展形成更大的冲击	IF							1									
27	刘越 等, 2014 [52]	互联网金融面临的特殊风险主要有技术风险、业务风险和法律风险	IF	1	1				1										
28	刘志洋 等, 2014 [54]	互联网金融一方面存在一定的传染性风险,并可能加速各类风险之间的转化;另一方面,互联网金融能够更好地管理借助互联网技术信用操作风险等	IF	1	1						1								

序号	作者与引用	主要论点与发现	范畴	经营管理风险	技术风险	交易安全风险	资金安全风险	市场风险	法律风险	信用风险	传统银行负面影响	流动性风险	道德风险	跨境风险	平台风险	合规风险	利率汇率风险	政策风险	系统性风险
29	乔海曙等, 2014 [59]	互联网金融不仅面临传统金融风险,如系统性风险、流动性风险、操作风险、信用风险、技术风险等,而且也暴露在由互联网技术决定的特殊风险之下:(1)信息科技风险在互联网金融中非常突出;(2)互联网金融服务数据处理的快速加速支付、清算等风险的扩特点也在为金融服务高效率的同时也加速支付、清算等风险的扩散;(3)尚没有统一的监管法规和针对性的法律约束不同类型的金融机构,互联网金融机构及其风险准备金、出资人权益保护等内容都未纳入监管范围;(4)互联网拓展了金融交易可能性边界,服务的大量以前不被传统金融所覆盖的人群对大众识别能力和承担能力相对欠缺、个体和集体非理性更易出现	IF	1	1	1	1		1	1		1				1			

续表

序号	作者与引用	主要论点与发现	范畴	经营管理风险	技术风险	交易安全风险	市场风险	资金安全风险	法律风险	信用风险	传统银行负面影响	流动性风险	道德风险	跨境风险	平台风险	合规风险	利率汇率风险	政策风险	系统性风险
30	任春华等,2014 [62]	互联网金融风险有五种类型;网络技术风险;业务管理风险;货币政策风险。互联网金融风险有五个特点:非存在性;多样性;虚拟性;超隐性;速发性	IF	1	1												1		
31	孙淑萍,2014 [68]	互联网金融运行过程中存在很多问题,如风险预警机制缺乏、监管缺位,法律体系不完备,技术安全隐患不确定等	IF		1				1							1			
32	魏鹏,2014[77]	互联网金融风险存在经营主体风险,法律合规风险,技术操作风险,市场流动风险,资金安全风险和货币政策风险等	IF		1			1	1			1			1	1		1	
33	谢平等,2001 [82]	网络经济下金融风险交叉"传染"的可能性增加了;网上交易环节中断导致的支付、清算风险;再次,金融危机的突然爆发性和破坏性加大	IF			1						1							

续表

序号	作者与引用	主要论点与发现	范畴	经营管理风险	技术风险	交易安全风险	资金安全风险	市场风险	法律风险	传统银行信用风险	负面影响	流动性风险	道德风险	跨境风险	平台风险	合规风险	利率汇率风险	政策风险	系统性风险
34	邹新月 等,2014 [101]	互联网金融能够促进公众投资性动机,增加货币需求;互联网金融间接拓宽了货币供给渠道,削弱货币供给的可控性,可预测性与相关性;互联网金融干扰了货币政策实施的准确性与一定的政策实施的有效性	IF															1	
35	Yan,2012[129]	互联网金融除了面临传统商业银行存在的流动性风险、信用风险、市场风险和利率风险、法律业务,法律等方面的特殊风险	IF	1	1				1	1	1	1					1		
36	吴浩强,2016 [78]	由于互联网金融在我国发展起步较晚,相关的法律法规的制定、监管模式的完善及其配套设施的建设并未跟上其发展节奏,导致在其蓬勃发展时出现了信息安全问题、P2P网贷跨网路现象集中爆发以及如何有效协调互联网金融与传统金融机构共同健康发展等问题	网贷		1										1			1	

续表

序号	作者与引用	主要论点与发现	范畴	经营管理风险	技术风险	交易安全风险	资金市场安全风险	法律风险	信用风险	传统银行业负面影响	流动性风险	道德风险	跨境风险	平台风险	合规风险	利率汇率风险	政策风险	系统性风险
37	寇佳丽, 2017 [30]	互联网金融既可以通过促进创新和创业、快速和准确提供金融服务以及促进业态和产业升级来推进供给侧改革目标的实现，也可因为信用危机，生存危机以及由此导致的短视行为而加剧目前的结构性矛盾，从而不利于供给侧改革目标的实现	IF						1									
38	牛华勇等, 2015 [56]	互联网支付对国有银行垄断地位的冲击有限，尚不构成威胁，但对股份制银行的影响效果非常明显；互联网业务支付主要通过增强其中间业务市场的竞争水平，降低商业银行的中间业务收入，拉低银行业的市场势力溢价	支付							1								
39	郭纹廷等, 2015 [18]	互联网金融行业尚处于无门槛、无标准、无监管的三无状态；互联网金融企业所面对的风险不仅有传统企业面对的风险，而且还面临以下风险：信用违约风险、期限错配风险、业务风险、技术性风险、法律风险、最后贷款人风险、信息安全风险等	IF	1	1			1	1									

续表

序号	作者与引用	主要论点与发现	范畴	经营管理风险	技术风险	交易安全风险	市场风险	资金安全风险	法律风险	信用风险	传统银行负面影响	流动性风险	道德风险	跨境风险	平台风险	合规风险	利率风险	汇率风险	政策风险	系统性风险
40	张萍 等，2015[90]	在创新产品进入金融市场时，创新机构采取了新产品营销策略，而监管机构则沿用了金融产品搭载互联网技术的线下金融产品的监管策略，造成了双方策略的错配，诱发了潜在的市场风险	IF				1													
41	申睿，2015[64]	目前国内学者的研究范围主要包括流动性风险、信用风险以及法律风险等方面	IF		1				1	1										
42	刘梦远，2015[45]	互联网金融因其具有的无边界性、虚拟性和混业经营性等特性，导致互联网金融除了金融本身具有的风险外，还衍生出了特有的法律风险	IF						1											
43	吴晓求，2015[80]	互联网金融的内核性风险更多地表现于透明度风险、外置风险则更多地表现于技术和系统安全性，风险的叠加性相对明显	IF		1						1									1
44	伊曼科特 等，2015[115]	信用等级、债务收入比、FICO评分及循环利用在贷款中均扮演重要角色。较低信用等级及较长贷款期限往往与高违约率相关	网贷																	

续表

序号	作者与引用	主要论点与发现	范畴	经营管理风险	技术风险	交易安全风险	市场安全风险	资金安全风险	法律风险	信用风险	传统银行流动性风险负面影响	道德风险	跨境风险	平台合规风险	利率汇率风险	政策风险	系统性风险
45	中国人民银行中关村国家自主创新示范区中心支行课题组等,2016[97]	互联网消费金融从业机构依靠自有产业链和其他产业链平台,在不断拓占传统消费金融市场份额,加剧金融系统性金融风险,影响金融行业信息安全的同时,也为传统消费金融提供了有效补充,提升了消费金融的运行效率,为产融结合开辟了新路径	IF		1						1						
46	张木琴,2017[88]	互联网金融本身就具有产品虚拟,开放式环境以及市场运行透明等特征以及其带有的信息安全等存在着数据安全法律风险	IF	1	1				1								
47	刘锐等,2017[49]	互联网金融当前存在着诸多安全性的问题,比如各种诈骗现象,消息泄露,逃避诈骗等等。原因在于互联网风控能力弱,监管体系不健全等	IF		1									1			
48	孙捷,2014[70]	根据国内众筹的发展态势,分析了其发展中存在的法律风险,经营信用风险	众筹	1					1	1							

续表

序号	作者与引用	主要论点与发现	范畴	经营管理风险	技术安全风险	交易安全风险	资金安全风险	市场风险	法律风险	信用风险	传统银行风险负面影响	流动性风险	道德风险	跨境风险	平台风险	合规风险	利率汇率风险	政策风险	系统性风险
49	刘再杰,2015 [53]	互联网理财面临的风险既包括传统金融风险,也包括体现互联网特征的风险,如信息安全风险,法律合规风险等	理财	1	1				1						1	1	1		
50	董妍,2015 [13]	P2P网贷平台的投资风险包括正常风险和非正常风险,如借款人违约风险及P2P平台卷钱逃跑风险	网贷						1						1		1		
51	范超等, 2017 [14]	分析了网贷平台风险及如何甄别,如平台风险,利率风险,信用风险,违约风险,信用风险和道德风险	网贷	1				1					1		1		1		
52	祁明等, 2014 [58]	基于以Q币等游戏币为代表的有发行中心和以比特币为代表的去中心化网币,技术风险为代表,面临信用风险,技术风险,非法交易风险,贬值风险以及对金融体系冲击的风险	货币		1	1			1	1	1								
53	李威,2015 [39]	比特币存在的风险类型包括:技术风险,打破现有金融体系风险,网络犯罪风险	货币	1			1				1								

续表

序号	作者与引用	主要论点与发现	范畴	经营管理风险	技术风险	交易安全风险	资金安全风险	法律风险	信用风险	传统银行业负面影响	流动性风险	道德风险	跨境风险	平台风险	合规风险	利率汇率风险	政策风险	系统性风险
54	贾丽平, 2009 [28]	目前虚拟货币已经进入于"虚拟世界,逐渐进入人现实流通领域,虚拟货币对货币供求的存在潜在负面影响	货币							1	1							
55	侯建强等, 2016 [24]	基于互联网信息技术的支付使互联网金融风险受信息量搬影响更为显著,信息技术风险更加突出	支付		1					1								
56	苗文龙, 2015 [55]	互联网支付机构的系列违规操作,会导致较高的洗钱风险漏洞,并对金融风险积累埋下隐患	支付					1							1			
		合计		17	26	5	3	26	19	12	10	3	1	7	6	6	2	2

注:IF指 Internet Finance,即互联网金融;货币即基于互联网的虚拟货币;支付指网络支付;理财指互联网理财;表格内容方内容中的数字 1 表示在文献中提出过,没有数字 1 表示没有提到。

附录 B 互联网金融风险相关安全报道数据

类型	事件	发生时间	安全因素
网络技术安全	有支付宝用户爆料称支付宝实名认证存在漏洞，其在登录付款后无意间发现，自己的实名认证信息下多出了 5 个未知账户，但却完全没收到任何形式的确认或是告知信息，而该事件曝光后，不少用户也反映遇到此类问题。支付宝方面给出的回应是：支付实名认证，一贯需要通过身份验证，银行卡等多重信息的验证。如果发现支付实名认证账户下出现其他关联账户，是因为账户上持有人在自身身份信息的情况，号被泄露情况。来源：http://www.163.com.15/1011/10/B5KVFD1G000915BF.html；http://news.sohu.com/20151012/n422965848.shtml	2015	隐私泄露
	各大美国热门网站当天都出现了无法访问的情况，根据用户反馈，包括 Twitter、Spotify、Netflix、Github、Airbnb、Visa、CNN、华尔街日报等上百家网站都无法访问，此次"断网"事件是由于美国最主要 DNS 服务商 Dyn 遭遇了大规模 DDoS 攻击所致。媒体将此次事件形容为"史上最严重 DDoS 攻击"，不仅影响了人们生活产生了严重影响。——da0.060 来源：http://www.admin5.com/article/20161023/691947.shtml；http://www.p2peye.com/hjzs/qhlwjrsbsj/？ －da0.060 33746812175	2016.10	断网/停止服务
	2013 年 3 月 27 日晚间，有网友在微博上爆出，使用谷歌搜索输入"site:shenghuo.alipay 转账付款"即可看到各种转账信息，包括付款账户，收款账户，姓名，日期等。支付宝方面表示，相关链接都进行了安全保护，正常情况下任何搜索引擎都无法抓取，谷歌抓取的链接一共是 2000 多条。在整个的页面可是全年几十亿笔的交易中只是极少部分。如果是漏洞造成的也发现有很多用户的账号或网银的付款结果页面或者会链接，以向买方证实自己已经付款。因此初步判断，这些分享可能是相关云页面截图或攀附抓取的原因。来源：https://baike.baidu.com/item/支付宝转账账户信息泄漏事件/5119467 fr = aladdin；http://tech.qq.com/a/20130327/000131.htm	2013.3	隐私泄露
	根据某网络安全公司提供的一起案例，安徽省陈女士在网购衣服时，就被骗子诱导进行了"超级网银""授权支付"操作，短短 24 秒内，其银行账户中 10 万元就被洗劫一空。对此，该网络安全公司认为，"超级网银服务的风险主要在于客户授权环节。多数超级网银的授权并不需要验证双方的身份和关系，即便盗取人自己的账号、密码之后，即能操作以后以及从自己的账户里进行跨行转账。"并指出超级网银授权转账的四个漏洞。对于超级网银被指安全漏洞，建行相关负责人即表示，为了防范风险，建行已经通过验证网银盾等安全工具以及短信验证码等增强认证措施，在超级网银授权前会有风险提示，授权时也会通过短信验证码增强认证。来源：http://media.china.com.cn/cmgf/2015-06-24/611.html	2013.6	授权漏洞

续表

类型	事件	发生时间	安全因素
	2013年8月16日上午11点后，上证指数出现了快速冲高，瞬间摸高至2198.85点，与前日收盘相比，涨幅达到5.96%。中石油、工商银行等权重股忽然被注入了高浓度的兴奋剂，短时间里直冲涨停板，而且冲到涨停的个股多达71只。但是，下午开盘以后，市场有消息传出，这波行情是由光大证券之极的投资又纷纷抛售，导致午后的行情一路下挫，并最终以下跌0.65%收盘。那些补仓的投资者又被套得结结实实。后来舆论将这起事件判断为"乌龙指事件"。根据行情异动时的成交量和成交价格简单推算，光大证券的误操作使其在短时间里产生了75亿元左右人民币的损失。对于一家券商来说，这个规模的资金必须承受以承受的，然而返还这些行情尽管异常，却是由真实的交易组成的，鉴于当天所作出的乌龙指大单，与光大证券的申请，既然是乌龙指交易，那么肇事者承受由他制造的损失。因此，上海证交所否决了光大证券的申请。来源：http://jingji.cntv.cn/2013/08/17/ARTI1376702737900777.shtml	2013.8	系统操作风险
网络技术安全	自2014年3月16日起至今，网贷之家省网持续多日受到黑客的严重恶意攻击。其中，包括数万IP的CC攻击，持续十分钟30G/s的流量攻击，导致网站的连续攻击。网贷之家负责人表示，以前也受到过黑客攻击，但是此次攻击强度要这这种情况发。之前，手段多变，导致网站时常无法正常访问。来源：http://business.sohu.com/20140321/n396999386.shtml	2014.3	黑客攻击
	漏洞报告平台乌云网披露了携程开启了用户支付服务借口了用户支付服务借口的调试功能，支付过程中的调试信息可被任意黑客读取。该漏洞发现者称，由于漏洞存在，携程安全支付日志可遍历（Traversal）下载，导致用户银行卡信息泄露，包括持卡人姓名、身份证、银行卡号、卡CVV码、6位Bin等。访问该接口所做的操作依赖于携程用户，该漏洞之所以存在，由于携程用于处理的调试信息可能因为做文本保存了下来。同时因为保存有支付日志中的调试过程中的调试信息，将用于携程用于支付日志中所做的调试信息依赖于携程用户的操作。是指沿着某条某条路径，现在乌云报告平台之后，携程官方表示，两个小时内已经做出修复，将把携程用户的安全支付的基线安全配置，存在目录遍历漏洞，导致所有支付日志可被任意黑客读取。来源：https://www.secpulse.com/archives/25490.html，http://tech.qq.com/a/20140322/009466.htm	2014.3	系统漏洞、信息泄露

类型	事件	发生时间	安全因素
	比特币交易所 Bitfinex 出现安全漏洞，导致大币被盗，导致一些用户多达 119756 比特币被盗，总价值约为 7500 万美元。Reddit 用户 "zanetackett" 确认了这一消息。事件发生后，Bitfinex 交易所不得不停止所有交易，并就此漏洞展开调查，以判断哪些用户受到影响。 来源:http://www.hackbase.com/article-211009-1.html;http://2016-08-04/doc-ifxutfpc-4448890.shtml	2016.8	黑客攻击，安全漏洞
	网络突然爆出疑似用户数据外泄，有 12G 的数据包之多，包括用户名、密码、邮箱 QQ 号、电话号码、身份证等多个维度数据，数量多达数千万条。对此京东集团回应称：初步判断该数据源于 2013 年的安全漏洞，当时已迅速完成了系统修复，同时针对可能存在信息安全风险的用户进行了安全升级提示，但确实仍有极少部分用户并未及时升级账号安全，依然存在一定风险。 来源:http://sh.sina.com.cn/news/s/2016-12-12/detail-ifxypipu7721170.shtml	2016.12	系统漏洞，技术风险，信息泄露
网络技术安全	2016 年 6 月 17 日，刚在 5 月创造了全球最高众筹纪录的众筹项目 The DAO 由于其智能合约中存在的漏洞而受到黑客攻击，导致价值 360 多万以太币被动，并引起业内广泛关注。The DAO 项目，是以太币众筹项目，Slock.it 的开源项目，是以智能合约形式进行的去中心化自治组织，由于 The DAO 团队对代码的复杂性和技术难度也将随之增加，而随着基于区块链技术不存在任何安全漏洞，其归咎于代码的复杂性和技术进行攻击，实现了单个交易过程中多次攻取以太币，从而将 The DAO 众筹项目的 350 万个以太币转移到其发展且没有个措施。按照规则则黑客在 27 天后可以将这些以太币提取。 来源:http://www.chinatimes.cc/article/59751.html;http://www.01caijing.com/article/5332.htm	2016.6	黑客攻击，信息泄露
	自余额宝推行以来，各路网络黑客、木马病毒和钓鱼程序纷纷向机而动，阿里巴巴不得不对软件安全性进行一再的围绕升级，但仍有消费者为抵御因手机受到病毒感染而被窃取了个人信息，最终任余额宝等账户中受到财务的损失。能否要求进一步为受到保护的盗损账赔偿范围还不得而知。近期，大量关于二维码病毒的消息备受热议，不法分子把木马病毒伪装成图片、网址或二维码等形式后，诱使用户安装该木马程序，手机用户一旦安装使用有余额宝这类理财产品 APP，木马程序就会自动通过复改页面或者付金额等方式使得资金自动转账。 来源:http://tech.163.com/14/0317/03/9NGS0APN000915BF.html;http://zj.qq.com/a/20140220/012584.htm	2014	木马病毒，网络散件，技术风险

续表

类型	事件	发生时间	安全因素
网络技术安全	2013年2月16日,Apple、Facebook和Twitter等科技巨头都公开表示被黑客入侵,其中Twitter被黑客泄露了25万用户的资料。后经披露证实是黑客在某网站的HTML中内嵌的木马代码利用Java的漏洞入侵了这些公司员工的电脑。来源:https://baike.baidu.com/item/2013年国际十大互联网安全事件/12756544? fr=aladdin	2013.2	黑客攻击,系统漏洞,信息泄露
	不少"翼支付"的用户因使用"翼支付"捆绑了银行卡,导致银行卡资金遭盗刷。一个名为"翼支付被盗维权"QQ群有60多个成员,都自称遭遇到同样的问题;资金从翼支付绑定的银行卡中被盗刷,索赔困难重重。另有38名成员因遭困难在QQ群也反映被"盗刷"。翼支付的用户负责人则表示,很多资金失窃是个人原因造成的,比如有用户将翼支付号码和密码交于亲友使用。在这种情况下如果出现资金损失,则无法获得赔偿。而业内人士表示,所有的第三方支付平台会每天都会发生因账户被盗而引发的投诉,原因涉及手机木马、网络诈骗、个人信息泄露等多种情况。来源:http://bank.cngold.org/c/2015-04-17/c322160.html; http://jingji.cntv.cn/2015/10/16/ARTI1444985449132128.shtml	2015.8	信息泄露,资金安全
网络支付	2016年12月,网上曝光了一则汽车ETC联名卡被网络盗刷的视频,让用户在震惊慌乱的同时,百思不得其解。据腾讯手机管家安全专家杨启波分析,所谓的"隔空盗钱"手法是通过ETC通道读卡的闪付免签实现的。一般情况下ETC装置与POS机并不兼容,但如果ETC通行卡本身是一张有闪付(QuickPass)功能的银行卡,并且开通了小额免密支付,目前这类卡片已经被交通部停止办理,及时有效地保障了开卡用户的财产安全。来源:http://www.financeun.com/News/2017120/2013cfn/16553355801.shtml	2016.12	交易风险,技术风险,系统漏洞
	2017年,第三方支付机构频频因违反支付业务规定而收到央行罚单。央行广州分行公布了一则央行行政处罚公示,罚款超过60万元。央行上海分行也公布了三则罚单,三家分别被处以2万元、2万元、6万元、4万元以及币罚款。不到20天时间内上海分行对第三方支付公司已经开了8张罚单。在这些罚单中,富友支付被央行处罚的次数增至四次。其中,央行针对第三方支付机构已经开出多张罚单,部分罚单达到四万元的行政罚单。如人民银行营业管理部处罚易宝支付开出巨额加罚款总计5295万元的罚单。事实上,2016年至今,央行对易宝支付开出千万元级。来源:http://www.chinanews.com/cj/2017/08-21/8309807.shtml; http://www.sohu.com/a/168264441_157267? loc=1&focus_pic=0	2017	合规风险

续表

类型	事　　件	发生时间	安全因素
网络支付	2015年5月27日下午4点开始,拥有将近3亿活跃用户的支付宝出现了大面积访问故障,全国多省市支付宝用户出现手机和电脑支付无法登录、余额错误等问题。故障发生后,用户普遍担心账户资金安全问题,也有用户反映出现账户余额不同步的现象。至当天晚上8点多,故障开始修复。来源:https://baike.baidu.com/item/5·27支付宝大规模故障/17692087?fr=aladdin 2016年7月30日下午,微信遭遇网络故障,由于服务器故障,部分mp链接打开和分享受影响,导致少部分微信信用户出现公众账号文章接无法打开,朋友圈发送以及腾讯录故障时间过一小时。此次微信故障时同题已经开除处理。来源:http://www.techweb.com.cn/internet/2016-07-30/2367839.shtml;http://www.fu57.com/news/130.shtml	2015.5 2016.7	网络故障、中断服务
	2015年8月22日,宜信公司近日被曝公然伪造合同,泄露客户资料。深圳法治频道《法治时空》记者也曾深入宜信进行卧底调查,发现宜信内部几乎全员参与合同资料伪造流程,造假过程中包括了伪造贷款人资料以及伪造客户签名等。该报道还指出,除伪造合同以外,宜信还通过银行、同行等渠道获取客户隐私资料,然后再以高价进行售卖。对此,宜信公司相关负责人告诉腾讯科技,相关造假规工作人员已被开除处理,但并不存在泄露客户资料一事。来源:http://www.microbell.com/ecodetail_3466311.html;http://tech.qq.com/a/20150822/031179.htm	2015.8	经营风险、操作风险、信用风险
P2P网络借贷	2015年,陆金所先是3月被曝2.5亿元逾期坏账。据当时的媒体报道称,该次坏账主要是陆金所旗下的保理公司"平安国际商业保理"近4亿元借款出现问题,其中与陕西金紫阳集团有关。2.5亿元陆金所保理项目由第三方提供担保,与陆金所P2P业务无关,不影响投资人权益。接着在6月30日陆金所旗下的稳盈-安e又被曝逾期。最终陆金所表示,此次坏账项目已到期,不得不用资金池还款并垫付投资人本息。来源:http://www.anxin.com/wiki/lujinsuo_468081.html;http://www.sohu.com/a/35421848_216629	2015	信用风险、经营风险
	广东本土著名的互联网金融机构红岭创投发放1亿元借款给金山联等广州4家纸张贸易商,因行业困境及经营不善,老板集体"失联",红岭创投面临极大坏账风险。上述4个借款项目被拆分为14个标,本金总和为1亿元,本息共计1.0531亿元,涉及投资人数4567人,人均投资额为2.19万元。来源:http://news.p2peye.com/article-2197-1.html;https://www.rong360.com/gl/2015/07/06/73722.html	2014—2015	信用风险、经营风险

续表

类型	事 件	发生时间	安全因素
P2P 网络借贷	深圳市钱诚互联网金融研究院（第一网贷）发布了 2017 年 7 月第一批互联网金融风险预警名单，近 900 家互金平台入围。预警名单显示，目前还在运营"吸金"的平台有 157 家，时尚打不开网站的有 733 家，两者合计为 890 家，即接近 900 家平台。大数据显示，这近 900 家平台中，大多数平台具有数据自相矛盾、收益率畸高、网站粗糙、地址造假等特征。《证券日报》记者浏览这些名单发现，很多平台名称冠以××财富、××投资、××理财、××资本等，更有以国家级××金融、万达基金、博时理财等命名"这么大旗作虎皮之类平台。来源：http://www.p5w.net/money/hlwlc/201707/t20170722_1887986.htm	2017.7	平台风险，信用风险，资金风险
	根据中国互联网金融协会互金登记披露服务平台（简称互金信披系统），截至 2017 年 8 月 30 日，信披系统共接入 82 家互联网金融平台。互金协会信披系统数据显示，有 33 家平台的项目以及金额均出现逾期，占接入纳征披系统平台数量的 40.2%，其中合力贷项目通期率最高，为 9.90%，德众金融平台的金额逾期率最高，为 14.30%。来源：http://www.sohu.com/a/168303714_639898? loc=1&focus_pic=0	2017.8	经营管理风险，信用风险
网络众筹	2016 年 3 月，电影业传来《叶问 3》票房造假的消息，而有意思的是，《叶问 3》背后居然是一个金融产品，投资方快鹿集团从一开始就预期票房，发行了多只与之相关的基金，还通过苏宁之金众筹平台做了众筹，围绕《叶问 3》的金融产品还做了各种衍生交易，把 P2P、众筹、股市、基金联系到了一起。而一损俱损，票房造假引发连锁效应，快鹿集团随即陷入兑付危机。来源：https://www.zhongou8.cn/news/detail/79264;http://www.chinanews.com/yl/2016/03-22/7805987.shtml	2016.3	信用风险，道德风险，资金风险
	2016 年 2 月 29 日，广州市中级人民法院对广东"邦家"集资诈骗案 24 名被告人作出一审宣判，其中蒋洪伟被认定为主犯，以集资诈骗罪判处无期徒刑。此外，造信所得、财物需按比例发还给受害者。检察机关信息显示，"邦家"打着"中国首租赁领军者""商海弄潮儿"两名号下，使得众多中老年人被骗得血本无归。集资诈骗金额高达 99.5 亿多元，受害人数多达 23 万余人。来源：http://finance.sina.com.cn/money/lczx/2016-03-01/details-ifxpvzah849293. shtml;http://news.qq.com/a/20160302/005723.htm	2016	平台风险，法律风险，信用风险，非法集资
	新华网报道，2015 年 11 月，因涉嫌以"原始股"非法集资，上海优素环保科技发展有限公司原法人代表段国帅被批捕，其炮制的原始股票骗局票局骗取了上千名河南群众的 2 亿多元资金。据报道，上海优素环保科技发展有限其在上海某地方股权交易市场挂牌的身份，对外宣称为"上市公司"，并且宣布公司将定向发行"原始股"。这使得一大批投资人误以为这是一家潜在的"绩优股"企业而选择投资。据初步了解，上海优素环保科技发展有限公司利用"原始股"共非法融资为 2 亿多元，涉及上千名投资者。来源：http://www.xinhuanet.com/fortune/2015-11/23/c_1117232851.htm	2012	经营风险，信用风险

续表

类型	事　　件	发生时间	安全因素
网络众筹	一个多月前"宏力能源"财报曝光，因各项数据与当年年末启动定增时的数据相差异大，引发了参与定增投资者们的剧烈反弹，而这些投资者均来自36氪众筹平台"北京项目负责人了。从5月到6月，36氪众筹投资人与36氪全部理层沟通无效，寻找无力能源股份有限公司"北京项目负责人了，开始了更为激烈的维权之路。而这也不是36氪众筹平台上爆发过的第一个问题项目了。在投资人群体中，呼吁退款的项目时有发生，半途而废的众筹项目也时有发生。 来源：http://tech.ifeng.com/a/20160603/41618179_0.shtml;http://www.admin5.com/article/20160603/667475.shtml	2016.2	经营风险，信用风险，资金风险，法律风险
	一名乳腺癌患者的子女称，家中为母亲治病几子花光了所有积蓄，而医生告知后续治疗每月需五六万元，因此众筹30万元。近日在知名众筹平台——"轻松筹"上出现了这样一个项目，并很快筹到通2万元。然而该医生知情对医生称，截至目前，该病患治疗总费用仅1.7万元，医保统筹报销部分费用6383.07元，且主治医生预测全部费用仅在5万元左右。 后来在舆论压力下，该项目将众筹金额从30万元下调至5万元，同时也对项目进行了修改。 来源：http://money.163.com/16/1028/07/C4ETMUCA00258086.html;http://n.cztv.com/news/12280079.html	2016.10	信用风险，道德风险
互联网理财	2016年1月14日，备受关注的"e租宝"平台的21名涉案人员被北京检察机关批准逮捕。其中，"e租宝"平台实际控制人、钰诚集团董事会执行总裁丁宁、游燕集团被各地检察机关批准逮捕。非法持有枪支罪及其他犯罪。此外，与此案相关的一批犯罪嫌疑人也被各地检察机关批准逮捕。 从2014年7月"e租宝"上线至2015年12月被查封，"钰诚系"相关犯罪嫌疑人以高额利息为诱饵，虚构融资租赁项目，持续采用借新还旧、自我担保等方式大量非法吸收公众资金，累计交易发生额达700多亿元。警方初步查明，"e租宝"实际吸收资金500余亿元，涉及投资人约90万名。 来源：http://finance.ifeng.com/a/20160201/14200573_0.shtml;http://www.sohu.com/a/57443451_357283	2016.1	信用风险，平台风险
	昆明泛亚有色金属交易所官网在网上销售的产品"日金宝"，用新投资人的钱支付给老投资人的利息和收益，不断引诱"接盘侠"，"日金宝"一直维持繁荣的假象。高达430亿元资金正中圈套。昆明泛亚在封闭世界的有色金属市场内拆东墙补西墙，前期不断引入大流动性，推高商品价格，后续投资资金难以为继时便即刻崩盘。20余万投资人和300多家成员单位一样深陷其中。 来源：http://finance.ifeng.com/a/20150715/13841662_0.shtml	2016	平台风险，信用风险，资金风险
	根据中国基金业协会数据显示，截至2017年6月底，325只货币基金资产净值为51056.69亿元，占10万亿公募资产的比重高达50%。而在2013年以前，货币基金的比重仅占1万亿元左右。作为几乎无风险的货币基金，普通投资者当年华上将其作存款画等号。因此，从银行流出的那些储蓄不断大了货币基金的存款流失，如果银行存款持续有这方面的存款流失，银行将会利息超过千亿。 来源：http://finance.sina.com.cn/money/fund/jjzy/2017-09-02/doc-ifykpzey3765012.shtml	2017	传统银行负面影响

续表

类型	事件	发生时间	安全因素
互联网理财	随着股票市回暖,此前蛰伏在场内货币基金上等待机会的投资者,纷纷将资金转入股票市场。不过,部分投资者遭遇到了赎回难题。"集合竞价赎回场内货币基金失败。"有网友在论坛上吐槽自己此前购买的场内货币基金——招商保证金快线货币基金遭遇无法赎回的情况。实际上,这种问题由来已久。2013年,某场内货币基金曾要发生早同交易时段不能赎回的现象。2015年9月下旬,也有投资者称,全位买一只货币市基金,结果由于赎回时间过晚,80%资金被冻结,无法赎回。来源:http://news.163.com/15/1022/12/B6HIRKL90004Q4P.html	2015.9	流动性风险
	2015年一季度,曾经无限风光的余额宝遭遇了大量赎回。天弘基金二季报显示,二季度余额宝的规模为6133.8亿元,较一季度的7117亿元少了近1000亿元,规模减少近14%。截至6月30日,该基金本报告期份额净值收益率为1.0152%,同期业绩比较基准收益率为0.3418%。多数市场分析认为,火爆的余额宝的收益并不具吸引力,最终出现了大幅瘦身的局面也在预期之中。来源:http://money.163.com/15/0722/08/AV47A3C20025B0H.html	2015.7	流动性风险
互联网虚拟货币	Autonomous数据显示,截至2017年7月中旬,全球ICO(Initial Coin Offering,本质上是一种"公开发行",只是把所发行的标的物由证券变成了数字加密货币),融资额达13亿美元,大幅超过全年水平(约2亿美元)。2017年上半年中国已经完成65个ICO项目。在ICO支持的融资方面,比特币和以太币占90%以上。累计融资规模达26.16亿元人民币,约10.5万人参与。央行等七部委发布的"关于防范代币发行融资风险的公告",这公告正式定性ICO本质上是一种未经批准非法公开融资的行为,责令立即停止。来源:http://finance.ifeng.com/a/20170905/15649319_0.shtml;http://www.sohu.com/a/169604767_99986567	2017	政策风险,平台风险,信用风险
	2017年1月,银监会、工业和信息化部、人民银行、工商总局暗示:"MMM金融互助社区"等打着"金融互助"旗号的网络投资平台频现,不少投资群众参与中。此类令人可以高额收益为诱饵,通过网站、微博、微信等各种渠道公开宣传、承诺晦高利息,引诱群众投入资金。同时,设置"管理费"等奖金制度,获随投资人员加入,从披加入,后引形成层级关系,计算返利金额,具有非法集资、传销交织的特征,吸引广大公众参与大资金发展人员加入,扰乱金融市场秩序,损害社会公众利益。2007年4月28日,"MMM金融互助社区"创始人谢尔盖·马夫罗季通过MMM公司实施违法犯罪行为,被俄罗斯当局指控犯有诈骗罪,并判处4年6个月有期徒刑,后又重操旧业,应引起投资人高度警惕。来源:http://www.techweb.com.cn/internet/2015-12-17/2242701.shtml; http://www.cbrc.gov.cn/chinese/home/docView/AFC3669C1830469981BC07FDE454E01A.html	2017.1	平台风险,信用风险,道德风险,法律风险

续表

类型	事　　件	发生时间	安全因素
互联网虚拟货币	2011年7月,世界第三大比特币交易中心Bitomat的运营商宣布:记录着17000比特币(约合22万美元)的wallet.dat文件的访问权限丢失。同时宣布比特币决定出售服务以弥补用户损失。 2011年8月,作为常用比特币交易的处理中心之一的MyBitcoin宣布遭到黑客攻击,并导致关机。涉及客户存款的49%,超过78000比特币(当时约相当于80万美元)下落不明。 来源:https://zhidao.baidu.com/question/628887995204491484.html	2011	网络安全、经营风险、黑客攻击、信息安全
	据CNBC北京时间2017年7月21日报道,网络罪犯同三盗走了超过15万枚以太币,价值约3000万美元(约合人民币2.03亿元)。 据以太坊初创公司Etherscan的数据,具体约有15.3万枚以太币被黑客盗走,其中4.4万枚至Swarm City。Swarm City外联部负责人马修·卡拉诺说,他们在美国东部时间晚上12:30发现了盗窃事件。按当天的价格计算,盗走的以太币价值高达3260万美元。 来源:http://news.zol.com.cn/648/6482775.html	2017.7	系统漏洞、黑客攻击、信息安全

注:表格内新闻安全事件,都来源于网络,具体内容请参见"来源"对应网址。有些互联网金融业务形式难以区分,部分融资项目既有理财属性,也有众筹或借贷属性。如部分P2P网贷通过包装对投资人而言是理财,对借款人则是贷款。

参考文献

［1］ BR 互联网金融研究院:《互联网金融报告2017》,中国经济出版社 2017 年版。

［2］ CNNIC:《第 39 次中国互联网络发展状况统计报告》,中国互联网络信息中心 2017 年。

［3］ 巴曙松、谌鹏:《互动与融合：互联网金融时代的竞争新格局》,《中国农村金融》2013 年第24 期。

［4］ 卜强:《互联网金融风险与防控》,《中国金融》2014 年第 17 期。

［5］ 曹国华、张冰琪:《互联网金融的现状及前景展望》,《商业时代》2014 年第 6 期。

［6］ 陈林:《互联网金融发展与监管研究》,《南

方金融》2013 年第 11 期。

［7］陈弯弯、赵春花：《金融风险对产业安全影响的研究综述》，《中国电子商务》2011 年第 7 期。

［8］陈秀梅：《论我国互联网金融市场信用风险管理体系的构建》，《宏观经济研究》2014 年第 10 期。

［9］陈秀梅、程晗：《众筹融资信用风险分析及管理体系构建》，《财经问题研究》2014 年第 12 期。

［10］陈勇、杨定平、宋智一：《中国互联网金融研究报告（2015）》，中国经济出版社 2015 年版。

［11］陈志武：《互联网金融到底有多新》，《新金融》2014 年第 4 期。

［12］成思危：《提高金融产业竞争力确保金融产业安全》，《中国流通经济》2010 年第 2 期。

［13］董妍：《P2P 网贷平台风险控制研究》，《兰州学刊》2015 年第 4 期。

［14］范超、王磊、解明明：《新经济业态 P2P 网络借贷的风险甄别研究》，《统计研究》2017 年第 2 期。

［15］方鹏飞、戴国强：《监管创新、利率市场化与互联网金融》，《现代经济探讨》2014 年第 7 期。

［16］高汉:《互联网金融的发展及其法制监管》,《中州学刊》2014 年第 2 期。

［17］龚明华:《互联网金融:特点、影响与风险防范》,《新金融》2014 年第 2 期。

［18］郭纹廷、王文峰:《互联网金融的风险与防范——基于相关利益主体的视角》,《当代经济研究》2015 年第 2 期。

［19］郝杰:《告别野蛮生长——2016 互联网大事记》,《中国经济信息》2017 年第 3 期。

［20］何德旭、郑联盛:《从美国次贷危机看金融创新与金融安全》,《国外社会科学》2008 年第 6 期。

［21］何文虎:《我国互联网金融风险监管研究》,《南方金融》2014 年第 10 期。

［22］贺强:《注意防范金融风险　促进互联网金融健康发展》,《价格理论与实践》2014 年第 3 期。

［23］宏皓:《互联网金融的风险与监管》,《武汉金融》2014 年第 4 期。

［24］侯建强、王喜梅:《支付创新、信息行为与互联网金融风险管理》,《财经科学》2016 年第 10 期。

〔25〕 胡剑波、丁子格:《互联网金融监管的国际经验及启示》,《经济纵横》2014 年第 8 期。

〔26〕 黄海龙:《基于以电商平台为核心的互联网金融研究》,《上海金融》2013 年第 8 期。

〔27〕 贾甫、冯科:《当金融互联网遇上互联网金融:替代还是融合》,《上海金融》2014 年第 2 期。

〔28〕 贾丽平:《网络虚拟货币对货币供求的影响及效应分析》,《国际金融研究》2009 年第 8 期。

〔29〕 荆竹翠、李孟刚:《中国金融产业安全评价指标体系研究》,《山西财经大学学报》2012 年第 1 期。

〔30〕 寇佳琳:《互联网金融促进供给侧改革的路径与对策分析》,《理论探讨》2017 年第 2 期。

〔31〕 雷家骕:《中国金融安全》,经济科学出版社 2000 年版。

〔32〕 李炳、赵阳:《互联网金融对宏观经济的影响》,《财经科学》2014 年第 8 期。

〔33〕 李丹:《互联网金融监管之棋局》,《当代经济管理》2014 年第 8 期。

〔34〕 李孟刚:《中国金融产业安全报告(2011—2012)》,社会科学文献出版社 2012 年版。

［35］李孟刚:《产业安全理论研究》,中华书局2013年版。

［36］李孟刚:《产业安全理论研究》(第2版),经济科学出版社2010年版。

［37］李明志、柯旭清、罗金峰:《产业组织理论》(第2版),清华大学出版社2014年版。

［38］李楠:《互联网金融产品风险及监管研究》,《价格月刊》2014年第11期。

［39］李威:《比特币的风险及其监管》,《社会科学家》2015年第4期。

［40］李鑫、徐唯燊:《对当前我国互联网金融若干问题的辨析》,《财经科学》2014年第9期。

［41］李有星、陈飞、金幼芳:《互联网金融监管的探析》,《浙江大学学报》(人文社会科学版)2014年第3期。

［42］梁璋、沈凡:《国有商业银行如何应对互联网金融模式带来的挑战》,《新金融》2013年第7期。

［43］刘继兵、马环宇:《互联网金融柔性监管探究》,《浙江金融》2014年第5期。

［44］刘力臻:《互联网金融:机理·特征·监

管·趋势》,《当代经济研究》2014 年第 12 期。

[45] 刘梦远:《我国互联网金融监管法律问题研究》,山西财经大学 2015 年硕士学位论文。

[46] 刘明彦:《互联网金融,传统银行的掘墓者?》,《银行家》2014 年第 1 期。

[47] 刘沛、卢文刚:《金融安全的概念及金融安全网的建立》,《国际金融研究》2001 年第 11 期。

[48] 刘勤福、孟志芳:《基于商业银行视角的互联网金融研究》,《新金融》2014 年第 3 期。

[49] 刘锐、王海月、张林林、李瑞彬:《互联网金融安全体系的构建》,《产业与科技论坛》2017 年第 6 期。

[50] 刘锡良:《中国经济转轨时期金融安全问题研究》,中国金融出版社 2004 年版。

[51] 刘颖:《我国金融产业安全的实证研究》,《中国外资》2009 年第 10 期。

[52] 刘越、徐超、于品显:《互联网金融:缘起、风险及其监管》,《社会科学研究》2014 年第 3 期。

[53] 刘再杰:《互联网理财风险的本质、特征与防范》,《国际金融》2015 年第 3 期。

[54] 刘志洋、汤珂:《互联网金融的风险本质

与风险管理》,《探索与争鸣》2014 年第 11 期。

[55] 苗文龙:《互联网支付:金融风险与监管设计》,《当代财经》2015 年第 2 期。

[56] 牛华勇、闵德寅:《互联网金融对商业银行的影响机制研究——基于新实证产业组织视角》,《河北经贸大学学报》2015 年第 3 期。

[57] 彭涵祺、龙薇:《互联网金融模式创新研究》,《湖南社会科学》2014 年第 1 期。

[58] 祁明、肖林:《虚拟货币:运行机制、交易体系与治理策略》,《中国工业经济》2014 年第 4 期。

[59] 乔海曙、吕慧敏:《中国互联网金融理论研究最新进展》,《金融论坛》2014 年第 7 期。

[60] 乔久恒:《金融产业安全的国内研究综述》,《商业经济》2010 年第 1 期。

[61] 邱冬阳、肖瑶:《互联网金融本质的理性思考》,《新金融》2014 年第 3 期。

[62] 任春华、卢珊:《互联网金融的风险及其治理》,《学术交流》2014 年第 11 期。

[63] 芮晓武、刘烈宏:《中国互联网金融发展报告(2014)》,社会科学文献出版社 2014 年版。

[64] 申蕾:《我国互联网金融发展研究:一个

文献综述》,《经济研究导刊》2015 年第 12 期。

〔65〕 盛夏、王升:《我国互联网金融消费者权益保护问题研究》,《金融发展研究》2017 年第 2 期。

〔66〕 时辰宙:《现代金融创新风险研究——基于美国次贷危机的视角》,《河北金融》2008 年第 6 期。

〔67〕 宋光辉、吴超、吴栩:《互联网金融风险度量模型选择研究》,《金融理论与实践》2014 年第 12 期。

〔68〕 孙淑萍:《互联网金融风险控制》,《金融理论与实践》2014 年第 11 期。

〔69〕 孙毅坤、胡祥培:《电子货币监管的国际经验与启示》,《上海金融》2010 年第 2 期。

〔70〕 孙越:《众筹风险控制问题研究》,《时代金融》2014 年第 12Z 期。

〔71〕 田光宁:《互联网金融发展的理论框架与规制约束》,《宏观经济研究》2014 年第 12 期。

〔72〕 王海军、王念、赵立昌:《互联网金融:缘起、解构与变革》,《武汉金融》2014 年第 10 期。

〔73〕 王锦龙:《比特币的法律问题研究》,《法制博览》2014 年第 11 期。

[74] 王璨、陈弯弯、张翔:《金融风险与产业安全问题的研究综述》,《海南金融》2012 年第 8 期。

[75] 王硕平:《对我国金融风险的系统分析》,《财经科学》2000 年第 3 期。

[76] 王伟:《互联网理财产品销售之说明义务》,《学术交流》2016 年第 12 期。

[77] 魏鹏:《中国互联网金融的风险与监管研究》,《金融论坛》2014 年第 7 期。

[78] 吴浩强:《我国互联网金融产业发展研究》,华中师范大学 2016 年硕士学位论文。

[79] 吴晓求:《中国金融的深度变革与互联网金融》,《财贸经济》2014 年第 1 期。

[80] 吴晓求:《互联网金融:成长的逻辑》,《财贸经济》2015 年第 2 期。

[81] 向文华:《金融自由化与金融风险相关性研究综述》,《经济学动态》2005 年第 12 期。

[82] 谢平、尹龙:《网络经济下的金融理论与金融治理》,《经济研究》2001 年第 6 期。

[83] 谢平、邹传伟:《互联网金融模式研究》,《金融研究》2012 年第 11 期。

[84] 谢平、邹传伟、刘海二:《互联网金融手

册》,中国人民大学出版社 2014 年版。

[85] 杨力:《2009"虚拟货币新规"解析》,《信息网络安全》2010 年第 1 期。

[86] 曾刚:《积极关注互联网金融的特点及发展——基于货币金融理论视角》,《银行家》2012 年第 11 期。

[87] 曾国安、胡斌:《互联网金融对商业银行的影响研究》,《经济纵横》2014 年第 12 期。

[88] 张本琴:《加大金融风险防范促进互联网金融发展》,《消费导刊》2017 年第 1 期。

[89] 张春霞、罗守贵:《我国制造业 SCP 范式实证研究》,《生产力研究》2006 年第 11 期。

[90] 张萍、党怀清:《互联网金融创新扩散中的策略错配与监管机制》,《管理世界》2015 年第 9 期。

[91] 张奇:《金融风险论——体制转轨时期金融风险形成机理与金融稳定机制》,东北财经大学 2002 年硕士学位论文。

[92] 张薇:《促进互联网金融产业发展的政策比较研究》,对外经济贸易大学 2015 年硕士学位论文。

［93］ 张秀梅、刘俊丽、周晓英：《网络信息资源评价综述》，《图书馆学研究》2013 年第 24 期。

［94］ 赵静、但琦：《数学建模与数学实验》（第 3 版），高等教育出版社 2008 年版。

［95］ 郑联盛、刘亮、徐建军：《互联网金融的现状、模式与风险：基于美国经验的分析》，《金融市场研究》2014 年第 2 期。

［96］ 郑新立：《深化金融体制改革　促进金融产业安全》，《中国国情国力》2007 年第 5 期。

［97］ 中国人民银行中关村国家自主创新示范区中心支行课题组，李玉秀、周丹、夏楠、杨荻、齐雪菲、李天懋、梁珊珊、甘瀛：《互联网消费金融对传统消费金融：冲击与竞合》，《南方金融》2016 年第 12 期。

［98］ 周琼：《盘点网络金融安全十大事件》，《人民公安》2014 年第 10 期。

［99］ 周延礼：《维护保险产业安全　促进经济金融发展》，《中国流通经济》2010 年第 2 期。

［100］ 周宇：《互联网金融：一场划时代的金融变革》，《探索与争鸣》2013 年第 9 期。

［101］ 邹新月、罗亚南、高杨：《互联网金融对

我国货币政策影响分析》,《湖南科技大学学报(社会科学版)》2014年第4期。

［102］ Akerlof, G. A., "The Market for 'Lemons': Quality Uncertainty and the Market Mechanism", *The Quarterly Journal of Economics*, Vol. 84, No. 3, 1970.

［103］ Allen, F., McAndrews, J., Strahan, P., "E-finance: An Introduction", *Journal of Financial Services Research*, Vol. 22, No. 1-2, 2002.

［104］ Anderson, C., *The Long Tail: Why the Future of Business is Selling Less of More*, Stockholm: Hyperion, 2006.

［105］ Bachmann, A., Becker, A., Buerckner, D., Hilker, M., Kock, F., Lehmann, M., Tiburtius, P., Funk, B., "Online Peer-to-peer Lending—A Literature review", *Journal of Internet Banking & Commerce*, Vol. 16, No. 2, 2011.

［106］ Bain, J. S., *Industrial Organization*, John Wiley & Sons, 1968.

［107］ Berger, S.C., Gleisner, F., "Emergence of Financial Intermediaries in Electronic Markets: The

Case of Online P2P Lending ", *BuR-Business Research*, Vol. 2, No. 1, 2009.

[108] Brealey, R., Leland, H. E., Pyle, D. H., " Informational Asymmetries, Financial Structure, and Financial Intermediation ", *The Journal of Finance*, Vol. 32, No. 2, 1977.

[109] Brynjolfsson, E., Hu, Y. J., Smith, M. D., " From Niches to Riches: Anatomy of the Long Tail ", *Sloan Management Review*, Vol. 47, No. 4, 2006.

[110] Carbunar, B., Shi, W., Sion, R., " Conditional E-payments with Transferability ", *Journal of Parallel and Distributed Computing*, Vol. 71, No. 1, 2011.

[111] Casaló, L. V., Flavián, C., Guinalíu, M., " The Role of Satisfaction and Website Usability in Developing Customer Loyalty and Positive Word-of-mouth in the E-banking Services ", *International Journal of Bank Marketing*, Vol. 26, No. 6, 2008.

[112] Clemons, E. K., Madhani, N., " Regulation of Digital Businesses with Natural Monopolies or Third-Party Payment Business Models: Antitrust Lessons from

the Analysis of Google ", *Journal of Management Information Systems*, Vol. 27, No. 3, 2010.

[113] Diamond, D. W., Dybvig, P. H., " Bank Runs, Deposit Insurance, and Liquidity ", *The Journal of Political Economy*, Vol. 91, No. 3, 1983.

[114] Dynan, K. E., Elmendorf, D. W., Sichel, D. E., " Can Financial Innovation Help to Explain the Reduced Volatility of Economic Activity?", *Journal of Monetary Economics*, Vol. 53, No. 1, 2006.

[115] Emekter, R., Tu, Y., Jirasakuldech, B., Lu, M., "Evaluating Credit Risk and Loan Performance in Online Peer-to-Peer (P2P) Lending ", *Applied Economics*, Vol. 47, No. 1, 2015.

[116] Evanoff, D. D., Fortier, D. L., "Reevaluation of the Structure-conduct-performance Paradigm in banking ", *Journal of Financial Services Research*, Vol. 1, No. 3, 1988.

[117] Glass, G. V., Mcgaw, B., Smith, M. L., *Meta-analysis in Social Research*, Sage Publications, 1981.

[118] Gobble, M. M., " Everyone Is a Venture Capitalist: The New Age of Crowdfunding ", *Research-*

Technology Management, Vol. 55, No. 4, 2012.

[119] Guldimann, T. M., "How Technology Is Reshaping Finance and Risks: Technology, Especially the Internet, is Creating Revolutionary Changes in Costs, Regulation, and Competition", *Business Economics*, Vol. 35, No. 1, 2000.

[120] Hannan, T. H., "Foundations of the Structure-conduct-performance Paradigm in Banking", *Journal of Money, Credit and Banking*, Vol. 23, No. 1, 1991.

[121] Mallett, J., "What are the Limits on Commercial Bank Lending?", *Advances in Complex Systems*, Vol. 15, No. 2, 2012.

[122] Meeker, M., *Internet Trends* 2015 – *Code Conference*, KPCB, 2015.

[123] Merton, R. C., "A Functional Perspective of Financial Intermediation", *Financial Management*, Vol. 24, No. 2, 1995.

[124] Merton, R. C., Bodie, Z., "Deposit Insurance Reform: A Functional Approach", *Carnegie-Rochester Conference Series on Public Policy*,

Elsevier, 1993.

[125] Mishkin, F. S., *The Economics of Money, Banking, and Financial Markets*, Pearson Education, 2007.

[126] Mishkin, F. S., Strahan, P. E., *What will Technology Do to Financial Structure?* National Bureau of Economic Research, 1999.

[127] Saaty, T. L., Peniwati, K., *Group Decision Making: Drawing out and Reconciling Differences*, RWS Publications, 2013.

[128] Shahrokhi, M., "E-finance: Status, Innovations, Resources and Future Challenges", *Managerial Finance*, Vol. 34, No. 6, 2008.

[129] Yan, G., "Risk Types and Risk Amplification of Online Finance", *Information Technology Journal*, Vol. 12, No. 3, 2012.

后　记

　　首先,感谢我的博士后导师李孟刚教授,本书的工作是在李老师的悉心指导下完成的。李孟刚教授是中国产业安全研究的权威,论著颇丰,造诣很深,并且治学严谨,热心指导学生与后辈。刚入站时,我对产业经济学和产业安全相关理论还不了解,是李老师为我提供了相关的学术论著和参考资料,并提供了研究方向、思路和科学的研究方法,指导和帮我走进了产业安全的研究领域。在李孟刚教授多次不厌其烦地直接或间接的指导和帮助下,经过多次沟通和交流,我确立了研究方向和题目,并完成了产业经济学和互联网金融安全领域的理论和知识体系梳理,确定了本书的研究思路和研究大纲。另外,李孟刚教授还热心帮助我联系产业界，极大地方便了本书的产业调研和实证数据的获取，使得我有机会与互联网金融企业的高管进行接触，获得必要的感性认识和第一手资料。本书编写过程中，李孟刚教授还百忙之中抽时间审查我的研究过程和中间成果，并提出了许多宝贵的意见，特别是在理论基础、研究方法、指标的选取等方面提出了较多修改意见和建议，在此表示衷心的感谢。

其次，非常感谢李孟刚教授组织的丰富多彩的学术活动，开阔了我们学术视野和研究思路。在中国产业安全研究中心博士后工作站研究期间，为了拓展学术视野和开阔思路，李孟刚教授还多次组织了相关的学术会议和学术拓展活动，加强了我在产业经济学及互联网金融领域的学术交流，接触了不少产业经济学和金融领域的研究学者和企业家，开阔了学术和实业视野，并加强了相关学者和知识领域之间的联系，为本书的完成提供了丰富的思想和理论来源。

学术工作是否严谨科学还需要依赖于同行的批评与指正，特别是指标选取是否恰当及数量多少的把握方面。撰写本书期间，书中的互联网金融风险与指标体系的选取还得到孙飞、韦灵伟等博士的批评意见和建议，感谢他们的学术友谊和无私帮助。还要感谢孙飞博士在本书出版方面提供的帮助，以及博士后科研工作站的李娟、姜奕成、陈梦佳等老师提供的敬业服务和工作指导，在此向她们表达我的诚挚感谢。另外，感谢本书引用相关资料和文献及参考研究思想和方法的所有者。

本书得到了深圳市人民政府委托重大项目"加快发展新经济的体制机制问题：中国发展新经济的问题与对策研究"的资助，在此深表感谢。

最后，感谢我的工作单位首都经济贸易大学对我科研工作的支持和提供的便利，感谢家人一直以来的陪伴和一如既往的支持。

付东普

2018 年 7 月